页岩气矿业权公平分配与矿业纠纷调解法律制度研究

孙哲 著

中国政法大学出版社

2019·北京

校庆筹备工作领导小组

组　长：夏小和　　刘晓红
副组长：潘牧天　　刘　刚　　关保英　　胡继灵　　姚建龙
成　员：高志刚　　韩同兰　　石其宝　　张　军　　郭玉生
　　　　　欧阳美和　王晓宇　　周　毅　　赵运锋　　王明华
　　　　　赵　俊　　叶　玮　　祝耀明　　蒋有耀

总序 GENERAL PREFACE

三十五年的峥嵘岁月，三十五载的春华秋实，转眼间，上海政法学院已经走过三十五个年头。三十五载年华，寒来暑往，风雨阳光。三十五年征程，不忘初心，砥砺前行。三十五年中，上海政法学院坚持"立足政法、服务上海、面向全国、放眼世界"，秉承"刻苦求实、开拓创新"的校训精神，走"以需育特、以特促强"的创新发展之路，努力培养德法兼修、全面发展，具有宽厚基础、实践能力、创新思维和全球视野的高素质复合型应用型人才，在中国特色社会主义法治建设征程中留下了浓墨重彩的一笔。

学校主动对接国家和社会发展重大需求，积极服务国家战略。2013年9月13日，习近平主席在上海合作组织比什凯克峰会上宣布，中方将在上海政法学院设立"中国-上海合作组织国际司法交流合作培训基地"，愿意利用这一平台为其他成员国培养司法人才。此后，2014年、2015年和2018年，习主席又分别在上合组织杜尚别峰会、乌法峰会、青岛峰会上强调了中方要依托中国-上合基地，为成员国培训司法人才。2017年，中国-上合基地被上海市人民政府列入《上海服务国家"一带一路"建设、发挥桥头堡作用行动方案》。五年来，学校充分发挥中国-上合基地的培训、智库和论坛三大功能，取得了一系列成果。

入选校庆系列丛书的三十五部作品印证了上海政法学院三十五周年的发展历程，也是中国-上海合作组织国际司法交流合作培训基地五周年的内涵提升。儒家经典《大学》开篇即倡导："大学之道，在明明德，在亲民，在止于至善。"三十五年的刻苦，在有良田美池桑竹之属的野马浜，学校历经上海法律高等专科学校、上海政法管理干部学院、上海大学法学院和上海政法学院等办学阶段。三十五年的求实,上政人孜孜不倦地奋斗在中国法治建设的道路上,为推动中国的法治文明、政治进步、经济发展、文化繁荣与社会和谐而不懈努力。三十五年的开拓,上海政法学院学科门类经历了从单一性向多元性发展的过程,形成了以法学为主干,多学科协调发展的学科体系,学科布局日臻合理,学科交叉日趋完善。三十五年的创新,在我国社会主义法治建设进程中,上海政法学院学科建设与时俱进,为国家发展、社会进步、人民福祉献上累累硕果和片片赤诚之心!

所谓大学者,非谓有大楼之谓也,有大师之谓也。三十五部作品,是上海政法学院学术实力的一次整体亮相,是对上海政法学院学术成就的一次重要盘点,是上政方家指点江山、激扬文字的历史见证,也是上海政法学院学科发展的厚重回声和历史积淀。上海政法学院教师展示学术风采、呈现学术思想,如一川清流、一缕阳光,为我国法治事业发展注入新时代的理想与精神。三十五部校庆系列丛书,藏诸名山,传之其人,体现了上海政法学院教师学术思想的精粹、气魄和境界。

红日初升,其道大光。迎着佘山日出的朝阳,莘莘学子承载着上政的学术灵魂和创新精神,走向社会、扎根司法、面向政法、服务社会国家。在佘山脚下这座美丽的花园学府,他们一起看情人坡上夕阳抹上夜色,一起欣赏天鹅一家漫步在上合基地河畔,一起奋斗在落日余晖下的图书馆。这里记录着他们拼搏的青春,放飞着他们心中的梦想。

《礼记·大学》曰:"古之欲明明德于天下者,先治其国。"怀着修身、齐家、治国、平天下理想的上政师生,对国家和社会始终怀着强烈的责任心和使命感。他们积极践行,敢为人先,坚持奔走在法治实践第一线;他们秉持正义,传播法义,为社会进步摇旗呐喊。上政人有着同一份情怀,那就是校园情怀。无论岁月流逝,无论天南海北,他们情系母校、矢志不渝、和衷共济、奋力拼搏。"刻苦、求实、开拓、创新"的校训,既是办学理念的集中体现,也是学术精神的象征。

路漫漫其修远兮,吾将上下而求索。回顾三十五年的建校历程,我们有过成功,也经历过挫折;我们积累了宝贵的办学经验,也总结了深刻的教训。展望未来,学校在新的发展阶段,如何把握机会,实现新的跨越,将上海政法学院建设成一流的法学强校,是我们应当思考的问题,也是我们努力的方向。不断推进中国的法治建设,为国家的繁荣富强做出贡献,是上政人的光荣使命。我们有经世济民、福泽万邦的志向与情怀,未来我们依旧任重而道远。

天行健,君子以自强不息。著书立说,为往圣继绝学,推动学术传统的发展,是上政群英在学术发展上谱写的华丽篇章。

上海政法学院党委书记 夏小和 教授
上海政法学院校长 刘晓红 教授
2019 年 7 月 23 日

摘要 ABSTRACT

从资源优势向竞争优势转型必然伴随着矿业权从政府分配向市场分配转型。作为"双重转型"示范的页岩气分配成为能源发展转型的重要标志，而其矿业权初始分配的公平性最先成为测度制度转型绩效大于成本的契机。变垄断丛生、创新乏力、市场萎缩、环境污染为竞争生机、创新争鸣、市场繁荣、环境友好的页岩气市场就必须改变现行权力与市场的法律边际，让"权力清单"与"负面清单"在公平与效率的制度内得以实现。

笔者认为，缺乏市场分配是导致页岩气矿业权分配不公的主要原因，市场分配替代政府分配成为矿业权公平分配的必由之路。公平分配首先要求分配过程的公平竞争，其次追求分配结果的相对平等，矿业权公平分配的实质是通过市场竞争取得矿业权，发挥市场在资源配置中的决定作用。页岩气矿业权公平分配的法律制度设计应以构建竞争性市场为核心，围绕还原产权属性、健全出让市场、追求资本优先、限制政府权力、践行经济自由进行。

多年前的页岩气探矿权招标曾为矿业权市场化配置试水，然而结果并不尽如人意；十八届三中全会提出"各市场主体平等使用生产要素"的要求，再次为民营资本公平参与矿业权分配带来了希望。页岩气探矿权的第三轮招标正在酝酿之中，本书就如何实现矿业权公平分配的法律问题进行讨论。与此同时，随着天然气产业市场化转型的不断深入，天然气产业的矛盾纠纷也发生了根本变化。传统的行政调解已然无力应对新型纠纷，亟待转型。本书就如何实现矿业纠纷调解制度的转型进行研究。全书除导论之外，共分为五个章节。

第一章，"页岩气产业发展呼唤矿业权公平分配"，探讨矿业权不公平分配对产业发展的影响。现阶段矿业权不公平分配集中体现为缺乏市场竞争，抑制企业创新，已经成为我国页岩气市场发展的瓶颈。因此，必须引入市场竞争，实现矿业权公平分配，才能促进中下游有效竞争，激励破坏性创新，提升能源效率。

第二章，"行政垄断阻碍矿业权公平分配"，分析造成页岩气矿业权不公平分配的原因。包括行政垄断导致矿业权分配不合理，立法缺陷为矿业权分配不合理提供了空间，行政垄断的基础等。

第三章，"竞争市场构建牵引矿业权公平分配"，论证市场相对于政府是更为公平的制度安排。一方面，通过市场竞争取得矿业权，有助于提升能源效率，增加页岩气供给，满足消费需求，践行差别原则；另一方面，市场竞争有助于实现资源租金的全民共享。因此，通过市场竞争的方式分配矿业权，发挥市场在资源配置中的决定作用，是实现矿业权公平分配的路径依赖。

第四章，"法律制度设计成就矿业权公平分配"，探讨如何通过法律制度设计来实现矿业权公平分配的目标。公平分配就是要在矿业权分配环节构建竞争性市场，为此立法应该承认矿业权的财产权属性，变矿业权审批取得为登记取得。在此基础上，法律制度设计应围绕健全出让制度、追求资本优先、限制政府权力、践行经济自由进行。

第五章，"矿业纠纷调解制度转型的法律路径"。矿业制度变迁引发产业矛盾变化，使得行政调解无力应对新型纠纷，亟待转型。矿业市场制度构建，降低转型成本，引导调解市场化转型方向；矿业管理制度变革，提高转型收益，推动调解市场化转型进程。法律制度设计应以激励调解组织市场竞争为核心，围绕完善市场准入、维持竞争秩序、规范诉调对接、明确收费标准等展开。

目 录 CONTENTS

总　序 ……………………………………………………………… 001
摘　要 ……………………………………………………………… 004
导　论 ……………………………………………………………… 001
　一、研究背景 …………………………………………………… 001
　二、研究综述 …………………………………………………… 054
　三、研究思路和研究方法 ……………………………………… 064
　四、创新观点及不足之处 ……………………………………… 065
第一章　页岩气产业发展呼唤矿业权公平分配 ………………… 068
　第一节　矿业权分配不公阻碍市场竞争 ……………………… 068
　　一、矿业权本质是财产权利 ………………………………… 068
　　二、财产分配高效即为公平 ………………………………… 072
　　三、分配不公拖累有效竞争 ………………………………… 073
　　四、公平分配成就产权效率 ………………………………… 076
　第二节　矿业权分配不公抑制技术创新 ……………………… 079
　　一、技术创新助推产业发展 ………………………………… 079
　　二、创新依赖于企业家精神 ………………………………… 082

三、分配不公放大资源优势 ·· 085

四、公平分配释放创新激励 ·· 089

第二章 行政垄断阻碍矿业权公平分配 ························· 093

第一节 行政垄断铸就行业垄断壁垒 ···························· 093

一、政府主导天然气产业发展 ······································ 093

二、行政垄断导致矿业权分配不合理 ······························ 098

三、立法缺陷为矿业权分配不合理提供空间 ······················ 102

四、行政垄断的基础 ·· 106

第三章 竞争市场构建牵引矿业权公平分配 ················· 110

第一节 市场竞争比政府分配更公平 ···························· 110

一、审批制度的影响 ·· 110

二、市场效率揭示公平分配内涵 ···································· 115

三、市场竞争构成市场效率源泉 ···································· 119

第二节 竞争市场公平分配资源租金 ···························· 120

一、租金基于所有权而产生 ··· 120

二、资源租金应由全民共享 ··· 121

三、租金共享依赖市场竞争 ··· 125

第四章 法律制度设计成就矿业权公平分配 ················· 128

第一节 还原矿业权财产权属性 ·································· 128

一、物权法确认矿业权产权性质 ···································· 128

二、登记取得适用物权法的规定 ···································· 131

第二节 健全矿业权的出让制度 ·································· 133

一、重建矿业权出让主体 ·· 134

二、完善矿业权出让市场 ·· 136

第三节 赋予各种主体公平机会 ·································· 138

一、规定各种主体身份平等 …………………………………… 138

　　二、赋予民营资本优先权利 …………………………………… 139

　第四节　规范行政机关监管权力 ………………………………… 141

　　一、弱化政府对矿业权取得的控制 …………………………… 141

　　二、明确政府对市场的干预权限 ……………………………… 144

　第五节　通过法律保障经济自由 ………………………………… 145

　　一、经济自由的内涵及制度功能 ……………………………… 145

　　二、保障经济自由的制度设计 ………………………………… 147

第五章　矿业纠纷调解制度转型的法律路径 ……………………… 150

　第一节　行政调解困局呼唤调解转型 …………………………… 150

　　一、行政调解面临外部制度变迁 ……………………………… 150

　　二、行政调解囿于内部制度缺陷 ……………………………… 152

　第二节　矿业市场构建牵引调解转型 …………………………… 154

　　一、扩大市场规模降低边际成本 ……………………………… 154

　　二、鼓励市场竞争降低交易成本 ……………………………… 155

　第三节　政府强化市场助推调解转型 …………………………… 157

　　一、政府保护产权以优化调解环境 …………………………… 157

　　二、政府遏制利益集团以提高调解收益 ……………………… 158

　第四节　法律制度设计成就调解转型 …………………………… 159

　　一、加强对调解组织的监管 …………………………………… 159

　　二、规范诉调对接适用范围 …………………………………… 160

　　三、明确调解活动收费标准 …………………………………… 161

　　四、规范调解人员职业准入 …………………………………… 162

结　论 ………………………………………………………………… 163

参考文献 ……………………………………………………………… 165

导 论

一、研究背景

(一) 国际背景

美国页岩气革命及其对世界能源格局乃至全球政治经济格局的深刻影响，构成本书选题的国际背景。

2001 年，美国页岩气产量仅占天然气总产量的 2.3%。但在高效产权制度和自由竞争市场的驱动下，美国在压裂和水平井两项关键技术上取得突破，加之完善的天然气基础设施、长期低利率政策以及国际油价在 2003 年以后的上升，美国页岩气产业取得长足发展。2009 年美国超过俄罗斯，成为世界第一大产气国。2011 年，美国页岩气产量占天然气总产量的比例达 27.9%，近 10 年来年均增速超过 25%。[1]

美国页岩气领域发生的重大变革，世称"页岩气革命"，它不仅帮助美国提高了能源自给率，成就能源独立梦想，而且为其他国家油气产业的发展提供了新思路。[2]我国页岩气储量丰富，技术可采资源量多达 21.8 万亿立方米，"十二五"期间四川盆地页岩气实现商业化开发，使我国成为北美之外第一个实现页岩气商业化开发的国家，我们有理由相信，"十三五"期间我国页岩气产业必将实现更大突破。但是，我们也应该看到，2015 年全国页岩气产量仅约为 45 亿立方米，距离 2020 年实现页岩气产量 300 亿立方米的目标仍然

---

[1] 参见管清友、李君臣：" '页岩气革命' 与全球政治经济格局"，载《西部资源》2013 年第 3 期。
[2] 参见管清友、李君臣：" '页岩气革命' 与全球政治经济格局"，载《西部资源》2013 年第 3 期。

相去甚远，我国页岩气产业的发展之路依旧任重道远。

1. 页岩气革命的有关理论阐释

（1）页岩气革命基本概述

①页岩气及其基本特点。

根据通说观点，页岩是具有细密纹理的沉积岩，地层中的淤泥、粘土、矿物颗粒等压缩物经过多年演化后逐渐破碎，最终成为细薄而平行的页岩层。在页岩层中产生的天然气即为页岩气，它主要分布在河床三角洲、湖底沉积物和洪泛平原。页岩气本质上仍然是一种天然气资源，只是其生成机理和赋存方式与常规天然气有所不同。在黑色的页岩中包含有机物质，它们能够产生出石油和天然气，天然气主要以吸附或游离的形式存在于页岩密布的气孔或裂缝中。从生成机理上不难看出，页岩气具有渗透性差的特点，这就决定了页岩气开采的难度较大，需要较高的技术水平。其实早在19世纪20年代，美国在纽约州的暗色页岩中就已经钻探出了页岩气，但由于当时技术水平落后，页岩气开发成本高、产量低，不具有开发的经济效益，因此未能吸引投资者进行大规模开发。直到1979年水力压裂技术取得突破性进展，19世纪90年代末水平钻井技术迎来突破，才使得美国页岩气革命在技术上成为可能。与常规油气资源相比，页岩气的优势在于储量丰富、供应稳定，属于清洁、高效的能源，其主要成分是甲烷，在同等条件下燃烧页岩气所产生的二氧化碳仅相当于燃烧石油的67%和燃烧煤炭的44%。页岩气可以用于居民生活和工业原料，应用前景十分广阔，页岩气的发展是对传统油气地质理论和油气勘探的重大突破。但也应该意识到，在页岩气的开采过程中，井口开采能力衰减速度快、维持时间短，迫使页岩气开采必须使用规模化的方式进行，即在一片页岩气富集区广泛地开凿矿井以形成页岩气生产网络。只有规模化生产才能降低生产成本、获得经济效益。

②页岩气革命的内涵。

事实上，美国页岩气的试验性开发早在1820年就已经开始，只是囿于当时技术条件的限制，页岩气的产量极低，开发成本却很高。随着技术的进步，页岩气开发的成本逐渐降低，页岩气产量实现爆发性增长，美国国内将这种能源领域的重大变革称为"页岩气革命"。由于东西方文化的差异，各地方对于"革命"一词的理解存在较大不同。在中国的文化语境中，"革命"更多地被理解为社会生活领域发生的颠覆性变化，而在西方看来，"革命"是某一领域将会产生持久而深远影响的重大变革。这里所讲的"页岩气革命"更多的还是一种观念意义上的革命。首先，19世纪以前，人们很难想象除了传统的油气田之外，岩石中也能蕴藏大量的石油和天然气资源。即使进入19世纪，美国成功钻探出第一口页岩气井，人们也并不相信岩石中的石油、天然气资源能够进行大规模的商业性开发。直到20世纪晚期，由于米切尔能源开发公司的不懈努力，使得页岩气开发实现突破性进展，人们才意识到页岩油气资源的巨大潜力。其次，工业革命以后，机械的大规模使用刺激了石油和煤炭的大规模开采和使用，造成空气污染等环境破坏问题。人们普遍认为只有开发新能源才是解决人类经济发展困境的关键。但是页岩气的成功开发，使人们重新认识化石能源。天然气很可能代替石油最终成为世界经济发展的最主要能源。传统的能源开发观念发生了革新，人们重新认识到天然气的重要意义。最后，这是一场现实意义上的能源革命。19世纪虽然人们发现了页岩气，但是由于技术水平低下，页岩气开采成本高，而使得页岩气开发不具有规模经济性，因此，页岩气产量很少。随着水力压裂和水平钻井技术的突破和不断完善，页岩气以及意外获得的页岩油的产量开始实现井喷式增长，并对世界能源格局和地缘政治产生一系列影响。一场影响深远而广泛的能源革命的大幕正在美国甚至世界各地徐徐拉开。

（2）页岩气革命相关理论研究

①产业生命周期理论。

它是由1966年弗农的产品生命周期理论发展而来的。产业的生命周期是指一个产业从出现到消亡所必须经历的生命周期过程，包括产生、发展、繁荣、衰落等各个阶段。在某一产业的产生阶段，该产业在一国经济总量中的比例还很低，还需要进一步扶植和培育。进入该产业的投资成本高，投资回报周期长，而产品的市场知名度不高，需求量较小，市场风险较大。这一时期，大企业出于规避风险的考虑，不愿意投资这些"幼稚产业"。而中小企业自身体量小，进入此类产业的沉没成本和机会成本更小，也更加富有创造意识和企业家精神，由于看好产业的未来发展前景，愿意投入人力、物力，甚至几十年如一日地坚持技术研发和产品生产。在产业的发展阶段，随着研发成果的不断累积，技术领域逐渐取得突破，产品的产量开始增长，产业的规模开始扩大。该产业的产值占国民经济的比例开始逐渐上升。由于技术逐渐成熟，产品需求逐渐扩大，市场前景开始明朗，一些大公司开始以并购或新建投资的方式纷纷进入此类产业。产业的生命周期曲线变得更加陡直,产品的成本进一步减少。在产业的繁荣阶段,产品的生产技术已经变得成熟,产量实现井喷式增长,开始影响到一国产业结构。此时,产业的增速开始放缓,周期曲线趋于平直。产品的成本进一步减少。产品价格低廉,带动产业链条上下游其他产业的发展。产业的繁荣导致大量的投资进入,同时,带动国内就业水平提高并逐渐饱和。在产业的衰退阶段,由于产业的规模过大,产品供给过剩。产品的生产成本过低,导致产品价格低廉,厂商的生产积极性被挫伤。产业的生产活动变得规模不经济,生产商几乎无利可图,于是产业的发展出现泡沫。一些企业开始亏本,并纷纷退出。与此同时,产业发展的其他负外部性开始凸显,政府的管制措施开始增强,生产活动减少,产业开始衰退,随着相关资源的不断枯竭,此类产业逐渐淡出国民经济的舞台。

②环境的外部性理论。

从本质上看,节能环保具有正的外部性。斯蒂格利茨指出,只要某个经济主体的行为对他人或社会造成一定的影响,而经济主体本身既不需要为此赔偿,也不因此而得到赔偿,就产生了外部性问题。庇古认为应该通过收税的方式来解决外部性问题,即对于私人边际成本小于社会边际成本(存在负外部性)的经济主体征税,而对于私人边际收益小于社会边际收益(存在正外部性)的经济主体予以补贴或奖励。因此,对于企业因节能而带来的正外部性,政府应该给予充分的政策激励。制度经济学家科斯更进一步指出,当交易费用为零,而且产权确定的时候,企业等经济主体会充分考虑一项经济活动的外部成本和收益,通过产权交易将外部效应内部化使得此类问题得以解决。总之,对于"节能环保"这项具有正外部性的公共物品而言,应该赋予企业充分的经济利益,提高企业节能减排的积极性。

③公共物品理论。

"节能环保"还具备环境公共物品的特征。所谓环境公共物品,一方面,是指各种自然环境要素,包括健康的大气环境、清洁的空气、干净的水体等自然物品;另一方面,是指各种环保服务,包括空气、水、土壤等污染的防治,环保政策和环保信息等。它具有非排他性、非竞用性、效用的不可分隔性等特征。所谓"非排他性",是指对于一项公共物品而言,采取技术手段将未付费的个体排除在外是不具有可行性的。或者虽然技术上可行,但是排斥成本过高而不具有经济性。所谓"非竞用性",是指对于该物品而言,多一个个体的使用所带来的成本仍旧为零。任何经济主体对该物品的消耗都不会影响到其他经济主体。所谓"效用的不可分割性",是指经济主体共同享有该物品,无法将物品分割为若干块,分属不同的个体享有。这些特征导致自然环境的状况不被包含在经济核算体系中,人们更加关注经济总量的增长,而不关心由经济增长带来的环境污染这一机会成本导致的环境公共物品供给严重不足的问题,如温室气体排放、空气污染、水污染等。为此,政府应该主动承担责任,通过采取税收减免、增加公共支出等形式减少节能环保产业的生产成本和费用,减少"公地的悲剧"。

2. 美国页岩气革命的发展及特征

(1) 美国页岩气革命的发展背景和动因

①美国页岩气革命的发展背景。

从美国能源结构的演变史可以看出,美国并不满足于自身的资源禀赋,一直致力于新能源的勘探与开发。美国的煤炭资源储量十分丰富,截至2015年,美国的煤炭储量占世界的26.6%,居于全球首位。但是美国的能源消费结构中,煤炭并未占主要地位,2015年美国的煤炭储量与产量比例(R/P)高达292,煤炭资源的开发程度较低。石油资源的已探明储量也十分丰富,但是自1993年以来,除了加拿大和美属维京群岛外,美国几乎不向其他国家出口原油。直到2015年,美国才正式解禁原油的对外出口。美国对页岩气开发的态度也是如此,虽然早在1821年就已经发现本土蕴藏大量的非常规油气资源,但是此后美国也并没有放弃对风能、生物质能、太阳能等可再生能源的开发。

此外,摆脱能源的对外进口依赖,实现能源独立是美国政府不懈追逐的梦想。事实上,美国并非一直依赖国外的油气进口。二战前,美国曾经享受过能源独立的时期,当年国内的石油生产量甚至超过世界石油产量的一半。根据 EIA 数据,1942~1944年美国原油净出口量为正。但是二战后,面对实现国家经济复苏的艰巨任务,国内的石油资源需求量陡增,美国原油净进口量由1946年的4531.6万桶飞速增长至1973年的11.8亿桶。能源的依赖性开始显著增强,1973年的中东地区石油危机使得美国经济深受重创,1974年美国经济增长率仅为-0.5%,美国第一次经历严重的能源危机。为此,美国时任总统尼克松提出"能源独立"计划。实现能源独立也因此成为美国历任总统的执政理想,并通过出台一系列政策措施予以落实。福特总统实施了石油储备制度;卡特政府时期设置了能源局,并且推行扩大能源开采、节约能源使用的能源政策;1981年里根总统上台后信奉自由放任的市场经济,主张能源市场应该交由市场机制自发调节;到了克林顿政府时期,主张政府计划与市场机制并行,积极提倡节能和开发替代能源;乔治·布什执政时期十分注重国内的能源开发;奥巴马政府时期则注重开发清洁能源,明确支持开发页岩气,并制定出页岩气开发进程表。[1]可以说,美国政府一直不懈追逐着能源独立的梦想。事实上,虽然美国历届政府努力出台有利于本国能源产业发展的政策措施,但这期间仍不得不依赖能源进口。一直以来为使本国稳定享有石油资源,美国也付出了沉重的代价。一方面,美国频繁介入中东事务,不可避免地卷入地区纷争。反对恐怖主义以及所谓"民主"的推行并未给中东带来持久的和平和稳定,中东局势反倒越发动荡不安。恐怖主义肆意蔓延,甚至将仇恨的怒火烧向美国本土。另一方面,为保障石油运输管网和航线的安全,美国不得不在沿线布置大量军力。巨额的军费开支也给政府的财政制造了不小的压力,引发国内民众的不满。因此,从现实需求的角度看,美国也需要将能源开发的视线转向本土。总之,追逐能源独立的梦想、保障美国的能源安全,是美国能源革命得以实现的重要背景。

②美国页岩气革命的动因。

一是关键技术取得突破。美国前副国务卿罗伯特·霍马茨指出非常规油气资源给美国的能源格局带来新变化,而以水平钻井和水力压裂等为代表的关键技术取得的突破为美国的能源革命注入了强大的动力。[2]页岩气开发是一项复杂的系统性工程,美国早在1821年就已经勘探到国内丰厚的页岩气储量,并且成功打探出第一口页岩气井,但是由于缺乏关键性技术导致页岩气资源未能实现大规模商业性开发。1977年美国能源局成立后,同私人能源企业、天然气调研机构等组织积极展开合作,试图从位于美国东部相对较浅的Devonian页岩中开发出可用于商业生产的天然气,并最终研发出一系列实用技术,包括水平井技术、滑溜水压裂技术等,减少了页岩气的生产费用。1980~1990年,米切尔能源开发公司结合大裂缝设计、水平井和水力压裂技

---

[1] 参见潜旭明:"美国'能源独立'的影响及对我国的启示",载《理论视野》2014年第12期。
[2] 参见朱其忠:"页岩气改写能源'美国故事'",载《中国石化报》2013年5月13日,第7版。

术使得 Barnett 页岩区块的天然气开采实现了商业可行性。此后，随着页岩气开发的关键技术逐渐成熟并得以推广，美国开始进入大规模开发利用页岩气资源的时代。水力压裂法是指将超过 100 万加仑的水和泥沙掺入特殊化学物质后，借用高压将其注入深度为 2440~3050 米的地下水平井中，压裂地下岩石构造，使得裂口扩张，含在页岩中的天然气融入压裂液并移动至井口表面，于是天然气得以获得、收储并销售。相对于以往使用的其他压裂技术，水力压裂法节省了一半以上的成本。[1] 由于页岩气本身渗透性差，导致直井开采效率低下。而水平井仅需一次钻井，便能覆盖更大面积的页岩区域，再通过水力压裂获得更大量的页岩油气。虽然水平井的成本是垂直井的 2 倍，但是开采效率高，开采油气储量的能力是垂直井的 3 倍多。[2] 因此，水平井的使用逐渐增多。2004 年，美国水平井的使用率不超过 10%，但之后水平井数量不断增加，而垂直井数量逐渐减少。2010 年垂直井数量已经不到水平井数量的一半，由垂直井生产的天然气产量已经不足水平井产量的 10%。这两项技术的突破，既使得页岩气能够挣脱低渗透性的束缚变为可流动气从而被采出地面，又能够扩大开采面积增加可开采量，对于页岩气革命的成功具有决定性作用。

　　二是基础条件优越。从地理因素来看，美国的页岩气埋藏浅，页岩气蕴藏区域大多为平原，这些条件有利于钻井和油气运输。一般情况下，页岩气主要被发现于累积大量油气资源的页岩层系中，而美国本土大多数州存在优良的天然有机页岩层系。其中，以位于北部得克萨斯州的巴尼特页岩和位于美国东北部的马塞勒斯页岩尤为突出。巴尼特页岩已经连续生产天然气超过 10 年，并为其他页岩区块提供最初的技术模板。马塞勒斯页岩区块页岩气储量最丰富，占美国总储量的 55%。EIA 估计美国拥有技术上可开采页岩气储量 21 万亿立方米，页岩油储量约 32.7 亿吨。从地图上看，由西北部的 Bakken 页岩区块到南部的 Eagle Ford 区块，绵延至东北部的 Marcellus 区块，总体上呈现出"U"型分布。从分布的区域上看，美国的页岩气区块主要分布在东北部（拥有页岩气资源 13.2 万亿立方米，占资源总量的 63%）、墨西

---

〔1〕 参见程宇航："美国的页岩气革命"，载《老区建设》2015 年第 7 期。
〔2〕 参见付斌等："美国页岩气藏勘探开发及其启示"，载《天然气技术与经济》2010 年第 6 期。

哥湾岸区（拥有页岩气资源 2.7 万亿立方米，占资源总量的 13%）、西南地区（约占资源总量的 10%）等。页岩油资源主要分布于美国西海岸的 Monterey 和 Santos 页岩区块（共有页岩油储量 150 亿桶，占总储量的 64%）、落基山区的 Bakken 页岩区块（共有页岩油储量 40 亿桶，占总储量的 15%）、墨西哥湾岸区的 Eagle Ford 页岩区块（共有页岩油储量 30 亿桶，占总储量的 14%）等。而且，美国的水资源丰富，能够满足页岩气开采的用水需求。从基础设施的角度上看，发达的管道基础设施是美国成功实现页岩气革命的重要基础保障。美国的天然气管道输送系统发达，管网密布且覆盖全国，天然气主产区与城市供气系统关联紧密。其中，州际与州内天然气管道总长不少于 50 万公里，完善的管道输送系统可以将主产区内的天然气输往全国各个城市，减少了前期的资金投入，节约了天然气输送成本，降低了企业的运营风险。[1]

三是市场需求巨大。美国的经济发展长期以来十分依赖石油资源，但是 1970 年美国本土的原油产量已达到峰值，为 35.2 亿桶。进入 80 年代以后，美国的原油生产转入低谷并在此后不断下降，2000 年初美国原油产量甚至跌破 20 亿桶。同时，常规天然气供应也在不断减少。美国的常规能源生产已在逐渐枯竭，美国经济发展需要新的替代能源；另一方面，1950~1970 年，随着美国工业经济的发展，以天然气为代表的能源需求快速增长，根据 EIA 数据，这期间美国天然气消费快速上升，由 1624 亿立方米增长至 5908 亿立方米，年均增长 6.7%。之后，虽然短时间下行，但是从整体上看仍然保持快速增长的态势。因此，为满足国内生产生活的需要，加大对以页岩气为代表的非常规能源的开发力度显得尤为紧迫。

四是油气价格上涨的刺激。2000 年以后，国际油价呈现出上涨的态势。以国际油价的标杆——英国北海布伦特油价为例，2000 年以前，油价水平大都徘徊在 20 美元每桶的低位左右。2000 年涨至 24.44 美元每桶，之后增势一直保持至 2008 年。2000~2008 年，油价年均增速达到 16.6%。2008 年国际金融危机后出现回落，但很快重新恢复增长势头，并于 2012 年达到峰值 111.67 美元每桶。2009~2011 年，油价年均增速更是高达 21.9%。油价上涨

---

[1] 参见师良、范柏江、王宇："美国页岩气产业的方针政策及对中国的启示"，载《延安大学学报（自然科学版）》2015 年第 2 期。

的趋势吸引越来越多的企业进入油气资源勘探领域,为页岩气工业的发展打下基础。

在国际油价增长的同时,天然气也表现出类似的态势。由于美国天然气市场化程度较高,美国的任何企业都可以进入天然气领域进行勘探开发。同时,随着政府对天然气价格约束的放松,天然气市场价格体系日益成熟。以国际天然气价格的标杆——美国 Henry Hub 价格为例,2000 年以前大都徘徊在 2 美元每百万英热单位左右,2000 年气价增长至 4.23 美元每百万英热单位。之后出现小幅回落,2002~2005 年天然气价格呈现出不断增长的态势,年均增速为 38.2%。此后价格虽然出现小幅回落,但很快重回增长态势。2006~2008 年天然气价格年均增速达到 14.4%。同时,2008 年美国居民消费天然气价格也达到峰值。可以说,2005~2008 年的天然气市场的价格涨势为大公司开发页岩气提供了充分的激励,不断攀升的石油和天然气价格蕴藏着丰厚的利润空间,刺激油气开采技术的革新,带动了更多油气资源的开发和生产,加快了美国页岩气领域的开发进程。

(2) 美国页岩气产业的发展历程

①早期勘探开发阶段。

1821 年,纽约 Chautauqua County 的 Devonian Dunkirk Shale 钻探出第一口页岩气井,拉开了美国页岩气工业的序幕。此时,天然气被生产、运输并销往 Fredonia 当地的企业。此后,在 Lake Eire 沿岸附近,一些浅井被陆续钻探出来。19 世纪晚期,Lake Eire 东南方向一批页岩气田被建立起来。但是由于从常规气藏中开发出更大容量的天然气,这一时期的油价也长期停留在 20 美元/桶以下,页岩气产量并不理想。1859 年,在宾夕法尼亚州的西北部,Venango 县的 Cherrytree 镇,成功钻探 Drake Well 并发现有大容量的石油蕴藏。页岩气的开发不断往西拓展。经过半个多世纪的不懈探索,Illinois 盆地被陆续发现赋存大量的天然气藏。到 20 世纪 40 年代末,在堪萨斯州的 Grant 县,泛美石油公司控制的一口天然气井中,应用水力压裂法第一次泵出天然气。

②稳步发展阶段。

早在 1970 年,巴尼特页岩和马塞勒斯页岩就已经闻名,但是由于页岩气极低的渗透性而被认为不具有商业可开采性。1973 年石油危机爆发后,美国常规油气资源的产量达到峰值并开始下降,同时这一段时期油价开始上涨。为应对即将到来的能源短缺问题,1976 年美国国会批准资助非常规天然气研究计划（UGRP），研究开发非常规油气资源。该计划由摩根敦能源研究中心和美国能源研发局（ERDA）负责管理，共包含三个项目。其中，东部页岩气项目发挥的作用最为显著。到1992年项目结束时，主产区阿巴拉契亚盆地的天然气年供应已经达到56亿立方米。[1]除了政府层面对非常规天然气的开采作出计划安排外，这一时期私人企业的积极贡献也不容忽视。1982年，米切尔能源开发公司在达拉斯机场附近的Barnett页岩区块进行钻探试验，但未获得成功。到1997年时所有的大型能源企业都停止了努力，米切尔能源开发公司虽然投入了大量的人力、物力但仍无所获。在此期间美国政府推行的联邦退税法案有效地激励了企业继续开展创新活动，使企业开采页岩气的尝试成为可能。米切尔能源开发公司不断试验和改进水力压裂技术，终于在1998年利用新的水力压裂技术打通了页岩。由此，美国天然气产量急剧上升。应该说，这一时期美国政府和私人企业的共同努力推动了页岩气产量的稳步增长。

③快速发展阶段。

2000年以后，钻探技术更加先进。2002年，Devon公司通过现金和股票的形式投资35亿美元并购了米切尔能源开发公司。Devon公司增加使用水平钻孔以确保页岩气井更加高产。从2003年起，油价和气价的上涨使得页岩气比起以往更加具有经济吸引力，更多的企业投身非常规油气开采领域。几年后，科技水平进一步提升，很多勘探和生产公司纷纷采取水平钻井技术，该技术与水力压裂技术结合在一起极大地提高了开发商从低渗透性的页岩层系中开发天然气的能力。1997~2009年，Devon Energy、Goodrich Petroleum和XTO Energy等公司开始增加钻探力度，巴尼特页岩区块钻探出的天然气井口数量超过13 500口，巴尼特页岩区块的天然气产量自然增长很快。2004年，巴尼特页岩区块的天然气产量超过阿巴拉契亚-俄亥俄页岩区块和密歇根盆地Antrim区块的产量。此后页岩气开发商的开采积极性大增，随着位于北阿肯萨斯州的Fayetteville页岩区块的页岩气储量被钻井活动证实，能源生产商们开始迅速开发美国南部的其他页岩层系，包括巴尼特页岩区块、Haynesville页岩区块、Wood Ford页岩区块、Eagle Ford页岩区块以及马塞勒斯页岩区块等。这些页岩区块生产出的页岩气占全美国页岩气供应量的八成以上。由此，页岩气产量快速增长。2000~2015年，页岩气占美国干气供应的比例由不足

---

〔1〕 参见周庆凡、孙鹏："美国东部页岩气项目回顾及启示"，载《石油科技论坛》2014年5月。

1%上升至 56.2%,美国的页岩气开发进入快车道。

(3) 美国页岩气革命的特征

①以企业为主导的分工协作。

中小企业的前期积极运作和大企业的后期参与模式是美国页岩气革命的重要特征之一。在油气勘探开发领域,美国奉行放任自由的市场机制,政府对于试图进入油气开发领域的企业未设立准入门槛,政府的自由放任为作为市场最活跃力量的中小企业提供了进入的可能。在美国页岩气开发初期,中小企业占据先导性地位。非常规油气资源开采难度大、成本高、规模不经济、政策扶持力度较小等特点使得大型的能源公司不敢贸然介入。而中小公司直接面向市场,体制灵活,激励作用更强,这就为中小能源公司进入并发挥主导作用提供了空间。一些和米切尔能源开发公司一样的中小企业充分发挥企业家精神,数十年如一日地钻研页岩气开发的相关技术,最终取得突破。事实上,水平钻井和水力压裂技术本身并非新鲜事物,之所以能在页岩石块中得以开创式的应用,很大程度上是这种在过去数十年中体现出来的美国企业家精神的产物。随着水平钻井和水力压裂技术不断发展并完善,中小能源公司的页岩气开发能力不断增强,使得页岩气开发成为有利可图的项目。而到了后期,受到资金实力和企业规模的制约,中小企业的运营难以实现规模效益。相比较而言,大型公司资本实力更加雄厚、运营经验更为丰富。大型公司以并购的形式进入,打破了行业发展瓶颈,推动页岩气产业的发展。[1]此外,在整个页岩气勘探开发过程中,钻井、完井、地震监测等不同领域的大小企业充分参与,各自发挥其在专业性、体制机制等不同环节的优势,缩短了投资回收周期,促进了页岩气革命的产生和发展。

②带动页岩油产量的增长。

美国在生产页岩气的过程中,还获得了大量的页岩油资源。页岩油和页岩气一样蕴藏于泥页岩中,只是由于所含碳分子数量的不同使得二者相态出现差异。[2]。美国一直注重开发页岩气资源,但是随着页岩气产量的增长,天然气价格严重下降。而同期石油的价格更高,利润空间更大,页岩油的密度和黏度都比页岩气高,开发页岩气的相关技术可以直接套用到页岩油的开

---

[1] 参见朱凯:"美国能源独立的构想与努力及其启示",载《国际石油经济》2011 年第 10 期。

[2] 参见张抗:"美国能源独立和页岩气革命的深刻影响",载《中外能源》2012 年第 12 期。

发利用中，因此美国越来越多的页岩气开采商开始转向页岩油的生产，导致页岩油产量不断增长。EIA 数据显示，2006 年 12 月美国页岩油开采量达到 41 万桶每日，占同期原油每日产量的 7.9%。其中页岩油开发的中心地带 Bakken、Eagle Ford、Spraberry 产量分别为 6.7 万桶每日、119 万桶每日、8.8 万桶每日。之后一直保持增长态势，2012 年 12 月页岩油供给增长至 33.8 万吨每日，到 2015 年 12 月，则增长至 60.2 万吨每日，超过 2006 年产量水平的 10 倍，占美国同期原油生产的比重达到 47.8%。其中，Bakken、Eagle Ford、Spraberry 三大板块的页岩油产量增长至 114 万桶每日、139 万桶每日、64 万桶每日，页岩油产量实现井喷式增长。美国石油产量快速增长，缓解了国内石油供不应求的矛盾状况。据统计，2005 年，美国石油产量仅为 3.09 亿吨，占全球产量的 7.8%。而到了 2015 年，美国石油产量增长至 5.67 亿吨，占全球产量的比例也上升至 13%。2015 年，美国石油产量超过俄罗斯而与沙特相当。2016 年，美国得克萨斯州新发现的沃夫坎普页岩油田，其石油储量高达 27.28 亿吨，使得美国拥有的技术可开采储量超过沙特、俄罗斯，成为世界上石油储量最丰富的国家。目前，美国还存在大量已经开钻但未完工的油井，页岩油的产量存在弹性。伴随着油价的短期走强势头，大量的页岩油套期保值产品的出现，再加上美国特朗普政府主张放开油气行业限制，大力支持页岩油的开发，未来美国的页岩油供给还会有增长的空间。

③页岩气产量井喷式增长。

美国页岩气产量的主要增长发生于 2000 年以后，1990 年页岩气在天然气总量中的比重接近 0%。2000 年这一比重提升至接近 2%。随着页岩气开采技术的进步和新的页岩层系被开采，2007 年以后美国页岩气产量实现井喷式增长，并呈现出不断上涨的态势。2007~2015 年美国页岩气产量年均增速高达 36.1%。2009 年，美国天然气产量达到 5840 亿立方米，比俄罗斯高出 613 亿立方米，位居世界第一位。此时，美国页岩气产量增长至 881 亿立方米，占天然气产量比重达到 15.1%。2010 年页岩气支撑起美国国内天然气总产量的 1/4，此后，页岩气产量占比不断提高，至 2015 年这一比重已经高达 56.2%。从美国页岩气与天然气产量增长趋势上看，二者的变动轨迹基本保持一致。2007~2015 年，美国天然气产量由 5456 亿立方米上升至 7673 亿立方米。但是，年均增速仅为 4.3%。增长幅度远小于页岩气，这从侧面反映出页岩气正在弥补由常规天然气储量逐渐下降而造成的供需缺口，并将成为推动美国天然气产量增长的新引擎。

3. 美国页岩气产业的运作分析

（1）美国页岩气产业开发的目标

①刺激经济增长。

近年来常规天然气产量的下降，给美国工业企业和家庭生活带来成本上涨的压力。然而，美国还拥有以页岩气为代表的丰富的非常规天然气资源，通过对页岩气的开采，能够有效弥补美国国内能源供求缺口。在低碳转型的大背景下，有利于进一步降低电力价格，减少生产成本，扩展企业的利润空间，进而吸引更多工业企业投资美国本土。2008年国际经济危机以后，美国失业率增加，一度攀升至10%，经济增长衰退。根据世界银行的统计，2004~2009年美国GDP增速由3.8%一直下降至-2.8%。而页岩气开采业属于资金密集型产业，鼓励开发页岩气有利于吸引投资，带动就业和经济增长。据统计，2015年页岩气工业贡献美国GDP1182亿美元，2035年预计将会增长至2311亿美元。未来的25年，页岩气工业将会为地方、州、联邦政府实现超9330亿美元的税收。居民储蓄会因气价下降而相应增加，每个家庭的可支配收入会增加，预计到2035年每家收入将因此而增加逾2000美元。因此美国政府极力推动开发页岩气，尤其是奥巴马政府时期。带动经济增长是美国大力开发页岩气的重要目标之一。

②维护国际霸权。

长期以来，除了为保障本国的能源供给安全外，美国的能源战略还包括对外寻求全球霸权的内容。历史上，美国曾经借助能源工具成功打败国际竞争对手。1941年，美国对日本全面停止出口石油。此举严重制约了日本海军、空军力量的发展，加速了二战中日本的战败。1971年美国放弃承诺美元同黄金自由兑换后，美元的全球货币地位面临危机。1976年，美国与沙特通过达成"石油美元"协议，从制度层面重新保障了美国的货币霸权。1985年，美国采取"石油冲击"战略沉重打击了苏联经济，联合沙特增加石油产量，并扩大石油出口，导致国际油价快速下降，至1986年，北海布伦特油价只有13.1美元每桶。国际油价的下跌沉重打击了苏联经济，使得苏联的经济体制难以为继，加速了苏联政治体制的瓦解。能源武器和石油美元机制帮助美国在二战和冷战中取得最后的胜利，而页岩气革命是美国通过能源领域攫取政治霸权的延续。一方面，页岩油气资源的开发带动国际油气价格的大幅下降，从经济层面进一步打击了俄罗斯，削弱俄罗斯在地缘政治格局中的影响力。

另一方面，在天然气领域巩固美国的货币霸权。目前，全球天然气市场呈区域分隔并相互独立的状态，天然气标价货币尚不统一。页岩气开发增强了美国在天然气领域的话语权，有利于最终形成天然气—美元机制，增强美国在国际能源市场上的领导力。此外，能源的自足使得美国更有条件将战略重心从中东转移至日益崛起的亚太地区，遏制亚太地区的发展。

（2）美国页岩气产业开发的政策措施

①财税政策。

作为一项新兴的能源产业，在页岩气开发的初期，如果没有政府的生产政策的大力支持，从事页岩气开发的能源企业很难实现盈利。为此，美国政府出台一系列旨在扶持非常规天然气资源开发的财税支持政策。早在20世纪70年代美国联邦政府就以法律法规的形式出台一系列关于税收优惠和财政补贴的政策。1978年《天然气政策法案》提出对包括页岩气在内的非常规油气资源的开发提供为期15年的专项资金补贴，1980年《原油暴利税法案》及1992年的修订案都指出针对页岩气等非常规天然气采取定量税收减免和补贴。据统计，1980~2002年，美国联邦政府还为进入页岩气行业的企业提供了约为当时市场价格20%~60%的税收补贴。[1]除联邦政府外，州政府也出台专项的激励政策。美国南方的得克萨斯州甚至对开发商完全取消生产税，并实行一定的价格补贴，以此来激励能源企业积极从事油气生产。除了税收优惠政策和财政补贴措施外，美国政府还通过优惠贷款等方式为页岩气开发商提供充分的金融支持。总之，联邦政府和州政府的刺激政策结合在一起，大大降低了企业的生产成本和经营风险，为能源公司创造了盈利空间，也在一定程度上推动了页岩气产业的发展。

②研发政策。

在页岩气开发初期，开发主体主要是一些中小能源企业，由于私人公司很难实现能源科技研究成果的货币化，并从中收获全部的正外部性。因此，为推动能源科技创新和技术水平的提高，政府有必要完善研发政策措施、主动投资与协调。事实上，为最大化页岩气研究成果和实现研究成果的商业化，美国联邦机构和政策措施持续发力超过25年，有力地促进了页岩气产业的发展。在研发项目方面，设立专项研发基金，用于支持非常规油气的研发活动。

---

[1] 参见郑启航："谁推动了美国'页岩气革命'"，载《中国证券报》2016年3月26日，第A08版。

20世纪70年代石油危机爆发后，为应对石油危机的影响，保障天然气供应，联邦政府十分注重页岩气基础地质理论和开发技术的研究。1976年，美国正式启动东部页岩气项目，该项目旨在通过地质理论、地球科学等方面的研究，评估非常规天然气的潜能，增加美国东部深色页岩的天然气供给。截至2002年，整个东部页岩气项目投入的研究经费超过9000万美元，主要用于资助油气企业和高校的产学研合作，并在相关技术上取得突破。1977年美国成立天然气研究机构（GRI），通过中央组织管理公共调研项目。同年，成立能源部，大力资助能源领域的研发（R&D）活动。20世纪90年代末，设立美国国家能源科技实验室（NETL），发起固化调研项目，用以解决已经老化的天然气管道基础设施问题。2000年天然气研究机构（GRI）与天然气科技机构（IGT）合并组成天然气研究院（GTI），通过机构整合聚集国内天然气领域的专业人才，继续深化天然气开发研究活动。2004年，美国政府制定出新的能源资助方案，《美国能源法案》规定，2004~2014年，美国政府累计投入至少4.5亿美元资助页岩气、煤层气等的研发。事实上，从20世纪80年代至2012年，美国政府已经累计投入了超过20亿美元用于非常规天然气的专项研究。在长期的研发政策的支持下，目前，美国已经掌握了成体系的页岩气开发技术，涵盖从气藏分析到完井的整个流程，并积累了丰富的页岩气开发经验，成为当前世界上页岩气开发技术最成熟的国家。

③监管政策。

页岩气等非常规能源的开采过程中隐藏着一系列环境问题，因此，环境监管政策措施必不可少。美国政府主要通过制定并完善相关的法律法规的方式来规范页岩气开发行业的运营。

在联邦政府层面：1970年《清洁空气法》为防止发生污染气体泄漏的情况，对页岩气钻井过程作出相关规定；1972年《清洁水法》对于开发和生产页岩气所需的地表水的处理办法作出相关规定；1974《安全饮用水法》为避免地下饮用水受到污染，规定严禁向地下投放任何危险化学物质；1980年《资源保护及回收法》为防止企业在生产结束后任意废弃作业区，明确企业处理包括油田废弃物在内的有毒物质的相关责任；但是1988年美国环保局就将油田废弃物从"有毒废弃物"的定义中剔除；1996年，通过修订《安全饮用水法》，进一步规定禁止开发商在水源地附近使用水力压裂法，开发商向河流中排放任何污染物都须经过环保局的批准；通过《清洁空气法》修正案要求油气生产商在采用水力压裂法时，必须严格控制返排液中挥发性有机物（VOC）的排放；2005年国会再度以修订案的方式，放松此前就地下液体注入对开发商施加的限制；同时对《清洁水法》进行修订，规定包括水力压裂在内的油气建造活动免除雨水径流取水许可要求。这些政策法规强化了油气生产行业的特殊权利，从而在制度层面为页岩气革命创造条件。[1]

在州政府层面：州政府负责监管辖区内企业的页岩气开发活动。从监管路径上看，一方面通过制定命令的方式，严格要求相关主体在页岩气开发中采用特定技术，规定钻井附近水环境中的特定污染物不能高于一定水平，多数州政府都研究或出台对于水力压裂应用的监管措施。2011年纽泽西州已经出台禁令，随后，佛蒙特州也讨论通过了对页岩气开发的禁令。另一方面，强化审批监管，规范开发流程。所有的州都规定开发商在从事生产活动前必须获得钻探许可证，而许可证的审批要求申请人有特定场域的环保措施，比如，当企业应用水力压裂技术时，申请材料中必须包括有关压裂的计划安排。审批人员需要核查该申请是否符合法律规定的环保条款，并及时组织专门工作人员进行实地调查。一些州紧急出台与页岩气开发相关的化学物质披露规定。比如，2011年得克萨斯州就要求钻探公司披露所使用的化学物质，但是公司有因宣称信息专有而免于监管的选择权。还有一些州征收一定的税费，部分地方政府还对页岩气开发过程中产生的噪音分贝进行限制等。在整个监管过程中，美国都十分重视公众参与，比如要求公众参与环境评估，及时向公众披露污染物排放的相关信息等，保障公众的知情权和参与权，借公众监督弥补政府监管的不足。

（3）美国页岩气产业开发的市场机制

①充分的市场竞争机制。

美国的天然气产业市场化程度高、市场竞争机制健全。从开采、运输到销售，天然气的开发流程完全按照市场机制进行。天然气的供应包括天然气开采和管道运输。1992年，为避免出现天然气上下游全产业链条的纵向垄断，美国联邦政府禁止天然气开发商兼营天然气开采和运输活动。通过业务分离在天然气市场上充分引入竞争机制。管道运营商负责输送管道铺设和页岩气

---

[1] 参见欧俊："美国页岩气资源开发监管路径研究"，载《西南石油大学学报（社会科学版）》2016年第3期。

的销售。[1]一方面，在天然气生产环节，政府对于包括页岩气在内的天然气行业投资企业不设置资产、资本实力等准入门槛，形成了自由竞标、自由交易和转让等充分市场的竞争机制。避免了少数大企业对天然气市场的垄断，激励中小企业充分竞争。另一方面，由于用户拥有自由选择天然气供应商的权利，为招揽更多客户，天然气管道运营商不断提升服务质量。此外，成熟的市场竞争机制为各市场主体提供充分的激励，形成了专业服务类公司、金融机构和政府部门相互合作的社会分工体系。从而降低了各环节的投入成本，缩短了投资回收周期，使得整条产业链的运作效率大大提高。此外，发达的金融市场也是美国市场机制的重要组成部分，由于页岩气井的产量衰减速度快，为维持页岩气的产量，需要不断钻取新的页岩气井，需要持续的资金投入。发达的金融市场为美国的页岩气生产商提供了多元的金融产品选择。企业可以通过丰富的直接、间接融资工具开展多渠道融资，为企业开发页岩气提供充分的资金支持。

②完善的价格形成机制。

美国天然气行业拥有完善的市场价格形成机制。早在1978年，美国就制定了专门的天然气政策法规，放松对天然气价格的管制。1989年，美国联邦机构又通过法案彻底放开了对天然气价格的约束。此后，天然气价格仅受供求机制调节。同时，为了管理天然气价格风险，纽约商品交易所创设了天然气期货、天然气跨期期权合约等金融衍生产品。完备的天然气金融衍生产品为参与者提供了多样化的风险防范机制，为避免天然气价格下降给企业带来损失，可以在期货交易所卖出一份天然气期货合约。未来即便某一时点天然气价格下跌，仍能按照约定价格卖出天然气。这样有利于实现天然气储备的保值增值，降低了页岩气开发的市场风险。在全球天然气市场范围内，欧洲和亚太地区的天然气价格主要采取与石油及石油制品价格挂钩的方式定价，天然气价格随石油价格的变化而波动。[2]而美国天然气价格则完全是在市场供求机制的作用下自发形成的，市场上充斥着大量的天然气供应商和用户，完善的运输管网和发达的金融体系使得美国的天然气价格虽然受到石油价格

---

[1] 参见李岩、牟博佼："国外页岩气开发实践对我国的启示"，载《中国矿业》2013年第3期。
[2] 参见杨颖霞、刘恒伟："美国页岩气革命与中国的能源安全"，载《中国经济时报》2013年10月16日。

的影响，但其形成主要仍由市场供求机制决定。

③发达的产权管理机制。

在美国，私有土地的地表权与矿产的开发权相互分离，页岩气开发商拟在矿区开矿钻井需要同矿产所有权人签订租赁协议，同时铺设管道输出页岩气还需要同地表权所有人签订合同。矿产和地表所有权人也能根据合同分享一部分页岩气开发所得收益。土地使用权交易市场的存在使得美国页岩气开发企业能够快速转移生产区块，找到页岩气资源最优开采区块，极大地提高了开发商的生产效率。发达的产权制度既为私有土地拥有者提供了丰厚的物质激励，也为页岩气开发商进行油气钻探活动提供了可能。此外，联邦政府也掌握一部分公有土地，这部分土地会通过公开竞价拍卖的方式向全社会开放，开发商可以通过竞标取得钻探权，并向联邦政府支付一定的矿产资源使用费。这一产权制度有利于企业获得全国范围内的页岩气资源，为页岩气产业的发展打下了良好的制度基础。

4. 美国页岩气革命的影响研究

（1）页岩气革命对美国自身的影响

①积极影响。

一是推动了美国再工业化。从 20 世纪 80 年代开始，为了降低制造业成本，美国开始推行"去工业化"，将制造业产业转移至海外。由于长期贸易赤字，美国开始重新考量其长期推行的制造业政策。2008 年国际经济危机更是凸显出美国经济过度依赖金融、房地产等虚拟经济的严重弊端，只有实体经济才是筑牢美国经济长期发展的基石。为此，美国又开始推行"再工业化"发展战略。此时，页岩气开发为工业振兴带来了廉价的能源，为美国的"再工业化"提供了充分的动力。页岩气供给快速上升，天然气价格随之大幅下降。2005~2012 年美国天然气价格由 8.79 美元每百万英热单位下降至 2.76 美元每百万英热单位，按照热量值换算方法，600 万英热单位天然气相当于一桶石油，折算下来 2012 年的石油价格仅为 16.56 美元每桶，而国际原油价格的标杆——布伦特油价 2012 年的数据为 111.67 美元每桶。同时，低气价抑制了油价的上涨，2012 年美国得州轻质原油价格为 94.13 美元/桶，相对低于布伦特油价水平。因此，低气价和低油价赋予了美国工业一定的价格竞争优势。同时，页岩气开发技术的应用使得天然气发电的成本大幅降低，据 EIA 统计数据，2005~2015 年，美国电力工业使用天然气发电的平均成本已经由

8.21美元每百万英热单位减少至3.23美元每百万英热单位。低成本必然带来低的电力生产价格,在此期间,美国工业用电价格一直维持在7美分每千瓦时左右。而低电价又将降低电解铝、电炉特种钢等工业原料的价格,吸引了重工业企业投资,刺激了美国工业的发展。根据美国经济分析局统计,以2009年美元为基础计算,2000~2015年美国私有企业工业增加值由10.8万亿美元一直增长至14.1万亿美元。其中,美国油气开采工业增加值由1185.7亿美元增长至2817.1亿美元。

此外,页岩气开采过程中还会生产出天然气凝析液,它是生产乙烯、丙烯等重要化工产品的主要原材料。随着页岩气产量的增加,天然气凝析液供给也随之增长,从而带动乙烯的生产,有力地降低了美国石化工业的生产成本,增强了美国化工产品的竞争优势。为充分利用廉价天然气,美国化工行业积极扩大投资规模,开建工厂和设施。2012年5月,化工行业共计投资250亿美元。其中,陶氏化学公司在得克萨斯州的Freeport建设了一个乙烯裂化厂并扩建了新的丙烷生产设施,投资规模最大达到17亿美元。新设施预计于2017年正式开放使用,相关的项目建设有望雇佣工人的数量达4800人。由于页岩气革命刺激化工企业增加投资和产能,美国化工行业的实际增加值也由2005年的2847.5亿美元,增加至2010年的3304.1亿美元。

二是美国能源依赖程度逐渐下降。1973年,中东产油国对美国实施能源禁运以后,美国政府就开始追求能源独立。而根据"石油峰值理论",美国更有可能形成能源依赖。该理论认为对于任何给定的地理区域而言,石油产量遵循一条"铃铛型曲线"。当石油产量达到峰值后将会逐渐下降,石油需求需要通过进口得以满足。70年代美国本土常规石油供给量达到峰值以后,石油进口量占消费量的比重就在不断增长。然而,页岩气革命带动了美国非常规石油供给的增加。同时,美国的原油进口量在不断减少,EIA数据显示,2005~2015年,美国原油进口量由37亿桶一直减少至26.9亿桶。原油的对外进口依赖度也由53.6%减少至40.3%。除石油外,天然气领域也同样发生了重大变化。根据2016年BP能源统计报告显示,2005~2015年美国天然气供给由5111亿立方米一直增长至7673亿立方米。天然气供给占世界供给的比重则由18.3%增长至21.6%。在此期间,美国天然气对外进口依赖度也由16.4%下降至3.4%,EIA预计到2035年美国将实现天然气生产自足。在页岩气革命的推动下,美国石油和天然气的对外依赖度逐渐降低,能源的独立性显著增强，美国距离实现能源独立的梦想越来越近。

三是优化能源消费结构。页岩气革命优化了美国的能源消费结构，减少了温室气体的排放。一方面，页岩气是一种相对于石油和煤炭而言更加清洁的非常规能源，其燃烧仅仅释放较少量的甲烷。二氧化碳是对流层中最主要的温室气体，需要约100年才能消失，而甲烷在12年内就能消解。另一方面，天然气产量的增加导致天然气发电成本的下降。根据 EIA 数据显示，2014年美国天然气平均发电成本已经下降至3.23美元每百万英热单位。虽然煤炭的平均发电成本仍然低于天然气发电成本，但是天然气发电成本的下降趋势更为明显。考虑到美国政府高度重视清洁能源产业的发展，发电企业争相采取"以气代煤"的方式发电，既符合节能减排的要求，又为电力企业创造充分的盈利空间。

一直以来，美国煤炭产量的九成左右用于电力部门。然而，页岩气革命给煤炭行业带来极大挑战，煤炭在美国电力生产中的作用逐渐被天然气所取代。根据 EIA 数据，2006~2015年，美国为商业、工业、电力部门生产电力使用的煤炭资源总量由10.3亿吨下降至7.4亿吨，而生产电力使用的天然气总量则由1820亿立方米增长至2800亿立方米。从能源电力结构上看，煤炭用于发电的比例总体呈下降趋势。2009~2015年，煤炭占比已经由44.4%下降至33.2%。天然气占比则总体呈上升趋势，已由23.3%上升至32.7%，2016年天然气供应了美国电力生产的34%，而煤炭的供应能力下降至30%，这是自1949年以来美国天然气的发电量第一次超过煤炭的发电量。而石油用于发电的比例一直以来远远低于煤炭和天然气。在美国，石油用于电力生产的比例仅为1%。可见在电力生产中天然气发挥的作用越来越大，煤炭和石油等化石能源的作用越来越小。

电力生产所用能源结构的变动在一定程度上带动了美国能源消费结构的改变。据2016年BP能源年度报告数据显示，美国的能源消费结构仍以石油为主，但是石油和煤炭的消费量总体呈下降趋势。2005~2015年，美国的石油消费量已经由9.38亿吨减少至8.52亿吨，石油消费占初级能源消费的比重由39.9%下降至37.3%；同期，煤炭消费量的减少幅度最大，下降趋势最为明显，已经从5.8亿吨石油当量减少至4亿吨石油当量，煤炭消费占初级能源消费的比重也由24.4%下降至17.4%，EIA 预计2015~2040年美国煤炭的消费量将会以年均1.4%的速度持续减少。而天然气消费则发挥越来越重要的作用。2005~2015年，美国天然气消费量已由6234亿立方米增长至7780亿立方米，天然气消费占初级能源消费比重也由24.2%增长至31.3%。EIA预计2015~2040年，美国的天然气消费将会以0.9%的年均增速继续保持增长。《金融时报》报道，2012年6月，天然气已取代煤炭成为美国电力供应的最大来源。到2020年，天然气将成为美国能源组合中最主要的燃料。[1]

而根据统计，美国碳排放量的1/3来自于电力部门，因此电力部门能源结构的改善有利于美国节能减排成效的增强。根据EIA数据，由碳排放量最高的煤炭发电向碳排放量更低的天然气发电转变后，美国温室气体排放量在逐渐减少。2005~2015年，由能源发电所产生的二氧化碳排放量已经从25.4亿吨减少至20.3亿吨，氮氧化物的排放量由396.1万吨减少至182.4万吨。根据2012年5月的IEA报告，2006~2011年美国因化石燃料燃烧所产生的碳排放量已经减少了4.3亿吨，成为全世界减排最多的国家。2013年4月EIA美国能源回顾显示，2012年美国因化石燃料消费共排放二氧化碳53亿吨，较2011年下降3.7%，是自1994年以来美国碳排放量的最低值，并接近1990年50.39亿吨的排放水平。至2015年，因化石能源发电而排放的二氧化碳总量已经下降至19亿吨的水平。页岩气革命提升了天然气在美国能源结构中的作用，天然气使用比率的增加导致二氧化碳排放量的显著下降。未来的若干年内，天然气将在美国的能源消费结构中占据更大比重，在更大范围内影响美国的能源消费市场，美国的气候状况也将因此而得到进一步改善。

四是强化了能源的出口能力。随着页岩气开发进程的加快，越来越多的天然气和石油进入国际能源市场。根据EIA数据，2005~2015年美国石油出口量由4.3亿桶增长至17.3亿桶，年均增速为15.1%。天然气出口量也节节攀升，2000年前美国天然气出口量基本在56.6亿立方米以下，2000年以后逐渐增长。尤其在2007年以后，随着天然气产量的快速增长，天然气出口增速也明显提高。2007~2015年美国天然气出口量由232.95亿立方米增长至503.74亿立方米。年均增速达到10.2%。美国因天然气的出口而获得大量的经济净收益。[2]除石油和天然气出口量在不断增长外，美国的煤炭出口潜力

---

[1] 参见张茂荣："美国'能源独立'前景及其地缘经济影响"，载《现代国际关系》2014年第7期。

[2] 参见王龙林："页岩气革命及其对全球能源地缘政治的影响"，载《中国地质大学学报（社会科学版）》2014年第2期。

也十分巨大。由于天然气在电力领域的大范围使用对煤炭产生挤出效应,煤炭行业产生大量的过剩产能。目前,美国煤炭产量仍大大超过其消费量。据 EIA 统计,2015 年,美国煤炭产量为 4.55 亿吨石油当量,消费量为 3.96 亿吨石油当量,过剩供给达到 5890 万吨石油当量。而 10 年前美国煤炭过剩供给仅为 5.7 万吨石油当量。2005 年美国煤炭出口量仅为 4964.7 万短吨,而 2013 年美国煤炭出口量增长至 11.8 亿短吨。由于美国正面临节能减排的压力,伴随着国内能源消费结构的持续优化,美国煤炭消费将逐渐减少,煤炭出口必将进一步扩大。这将进一步扩大美国的能源出口,进而减少贸易赤字。

五是促进就业增长。美国页岩气革命带动采矿、化工等上下游产业的发展,同时也使得相关产业的就业状况得以改善。据美国劳工统计数据局统计,自 2000 年以来,美国油气开采业就业人数总体呈逐年增长的态势。其中,2002~2008 年就业年均增速为 8%。2008 年受国际经济危机的影响,就业增速下滑。此后仍然保持增长态势。2009~2014 年美国油气采矿业就业人数已经由 70.7 万人增长至 108.8 万人,年均增速达 9%。采矿业就业人数占就业总人数的比重也相应提高。页岩气开发之所以能够带来如此重大的就业影响,主要在于页岩气工业具有较高的"就业乘数"。也就是说,页岩气工业部门每创造出 1 个直接就业岗位,就会附带创造出 3 个间接和引致的就业岗位。因此,随着页岩气开发进程的不断推进,将会有更多的就业岗位被创造出来。

②消极影响。

一是浪费和污染水资源。页岩气的开发需要耗费大量的水资源,只有在大量的水、泥沙等混合物的冲击下岩石才能被压裂,页岩气才能被取出。有关分析认为,水力压裂过程中,每口井的需水量达到 8000 立方米~19 000 立方米。而美国部分地区的水资源并不丰富。同时,美国页岩气的开采主要通过水力压裂技术实现,该技术需要将直井穿过地下含水层钻至更深处的页岩层。在作业过程中,注入井内用于保持岩石间气孔通畅的化学混合物,一般含有甲苯及其他有毒物质。可能因为采气管道破裂或操作不当而发生泄漏,污染地下水层。[1]同时,在水力压裂过程完成后,在地质构造的内部压力下,大约 10%~40%的压裂液会重新返回至井口表面,返排液中不仅包含之前加入的化学物质,还可能含有卤化物(比如氯化物、溴化物、氟化物)、锶、钡,

---

[1] 参见任立明:"浅议页岩气革命的影响",载《商界论坛》2013 年第 12 期。

也经常出现放射性物质以及不同的有机或无机物质。这些高度污染的废水要么被存储于大型的蓄水池中，要么被重新注入地下。如果不能得到及时有效的处理，其中的有毒成分会对地表土壤产生严重危害，进而可能使得地表农作物的生长过程受到污染，对牲畜和人们的食品安全带来重大隐患。

二是造成空气污染。作为一种非常规化石能源，页岩气对于环境的影响并非完全有利。页岩气在燃烧的过程中会释放出甲烷，是一种比二氧化碳更强烈的温室气体。页岩气开采的过程中也会释放出一部分天然气，由于天然气价格大幅下降，开发商缺乏积极性去建造管道、储气罐等基础设施来存储它们，导致这部分天然气被白白烧掉。据统计，2008~2012年美国因此白白燃烧掉的天然气总量增加了两倍。不仅造成了资源浪费，也加剧了气候变暖。此外，由于水力压裂和水平钻井工程耗时较长，导致大量的甲烷被泄露，抵消了一部分因能源的清洁性而给环境保护做出的贡献。[1]在匹兹堡附近的Marcellus页岩区块，已经检测到高混合率的芳香烃、环烷烃、烷类、氮氧化物以及各种挥发性有机物（包括三甲苯、二甲苯等）。通过对5个不同的页岩区块的111个全空气样品的检测，发现68.5%的空气样品中曝露的结晶二氧化硅含量超过健康标准。而各种挥发性有机物和氮氧化物成分将间接影响到臭氧层。2012年的光化学模型显示8小时臭氧设计值增长了11 000微克每立方米。而除了对空气污染的直接影响外，还包括一些间接影响。比如，页岩气革命对新能源产业的发展构成一定程度的阻碍，可再生能源开发的进程变得缓慢。2008年以后，美国生物燃料产量同比增速快速下降，2012年该数值仅为-4.9%。不仅如此，可再生能源总产量同比增速也表现出下滑趋势。2015年，该数值仅为-1.3%。美国可再生能源产业的市场份额在逐渐减少，可能会间接加重空气污染的程度。

三是诱发地震风险。页岩气开发主要依靠水力压裂技术，而该技术在使用的过程中需要将大量的混合物投向地下页岩层，注入和开采活动改变了地壳内部的压力，极易引发地层滑动，导致破坏力较强的地震。事实上，一系列研究表明压裂钻探技术的应用可能引发地震。美国地质勘探局专家通过分析美国中部地区地震发生频率，发现1970~2000年，震级不低于3级的地震

---

[1] 参见林珏："美国的'页岩气革命'及对世界能源经济的影响"，载《广东外语外贸大学学报》2014年第2期。

事件年均发生 21±7.6/次，而 2001~2008 年这一数字增长至 29±3.5。2009 年、2010 年、2011 年则分别发生 50、87、134 次地震事件。2009 年，在俄克拉荷马州发生震级不低于 3 级的地震的次数突然增加，从半个世纪前的 1.2 次每年增长至 25 次每年。

历史上该地区除了火山喷发等自然现象极易引发地震外，尚未出现过类似频次的地震事件。因此，几乎可以肯定这些地震活动是人为因素造成的。美国地质勘探局的调查显示，由于液体注入活动，2008~2009 年 Dallas 机场发生 3.3 级地震。

2010~2011 年阿肯色州发生 4.7 级地震。2011 年俄亥俄州的 Youngstown 发生 4 级地震。可以说，虽然地震是由水力压裂技术引起的结论尚未得到证实，但是理论上二者之间必然存在一定的关联。

四是造成"页岩气泡沫"。美国页岩气革命导致天然气的产量猛增，而国内天然气消费量增长幅度远远落后于天然气产量的增长幅度，造成天然气价格大幅下跌。根据 2016 年 BP 能源统计报告，2008~2012 年美国的 Henry Hub 天然气价格从 8.85 美元每百万英热单位快速下降至 2.76 美元每百万英热单位，达到 21 世纪以来的最低水平。过低的天然气价格甚至跌破生产平均成本，使得天然气生产几乎无利可图。同时页岩气井的产量衰减速度快，美国页岩气产量最高的五大页岩区块井口三年内产能减少 80%~95%。为维持页岩气产量水平，必须不断钻探新的井口。全美国的 7200 口钻井钻探成本超过 420 亿美元，伴随着最好的页岩区块和"甜点区"因大规模钻探而趋于耗竭，维持页岩气产能的成本将会进一步提高。

然而页岩区的销售收入不能偿付美国钻井企业的投资成本，2012 年美国页岩气产业仅产出 330 亿美元，页岩气产业的低回报与较高的生产成本之间的矛盾日益突出，然而不少厂商仍然维持现有的生产规模，从事大量的钻井活动。EIA 数据显示美国页岩气产量仍然保持增长的势头，2015 年达到历史最高水平。有学者开始怀疑美国的页岩气开发已经产生了"页岩气泡沫"，页岩气革命的发展前景因此不被看好。[1] 除页岩气外，页岩油的开发也遭遇了类似的困境。作为美国页岩油主产区，Eagle Ford 和 Bakken 页岩区块产出了美国八成左右的页岩油，它们也同样面临产能快速衰减的难题。虽然页岩气

---

[1] 参见朱其忠："页岩气改写能源'美国故事'"，载《中国石化报》2013 年 5 月 13 日，第 7 版。

开采的相关技术可以直接应用于页岩油的开采，但事实上开采页岩油所需的技术成本也十分昂贵。只有当油价达到 80 美元每桶以上时，高质量页岩油的开采才能实现有利可图。而 2015 年美国国内 WTI 油价仅为 48.72 美元每桶。开发页岩油的收益甚至低于成本，能源公司的财政赤字逐渐增加。一些小型能源公司不得不申请破产。因此，由页岩气革命带来油气价格的下跌也给企业自身的发展带来极大的挑战。

（2）美国页岩气革命对世界其他国家和地区的影响

①积极影响（对能源需求方）。

一是增加了加拿大、墨西哥的能源进口量。作为美国北方的近邻，加拿大地区板块与美国相连，其页岩气资源赋存状况与美国相似。坐落于加拿大 Horn River 盆地的最具潜力的页岩区块蕴藏的资源储量甚至超过美国的 Barnett 页岩区块。美国页岩气革命中积累的经验和技术甚至可能完全无障碍地应用于加拿大。这刺激了加拿大对于非常规油气资源的开采，使得加拿大成为继美国之后第二个勘探开发页岩气的国家，也是目前世界上除美国和俄罗斯外，唯一能实现页岩油商业化开采的国家。虽然目前其仍然未能实现页岩气的规模化开采，但是很多公司都已经在魁北克省、不列颠哥伦比亚省等地对页岩气资源开展勘探与开发工作，加拿大的页岩气产量也在增长。除页岩气外，加拿大的油砂储量占世界储量的九成以上。近些年随着沥青砂岩油的开采，加拿大的石油产量实现较快增长。2005~2015 年加拿大石油产量已经由 1.4 亿吨增长至 2.2 亿吨，并仍然保持增长趋势。此外，页岩气革命对美国和加拿大的天然气进出口也产生了重要影响。一方面，管道运输是美国和加拿大之间能源贸易的主要形式，页岩气革命使得加拿大减少对美国的天然气出口。根据 EIA 数据统计，2007~2015 年加拿大对美国的天然气出口量由 1075.4 亿立方米减少至 735.8 亿立方米。不仅如此，加拿大的天然气运营商面临天然气产品价格下降的风险。随着北美天然气市场需求渐趋饱和，加拿大的大型石油公司正尽力为过剩的天然气寻找更具盈利性的市场。2011 年加拿大天然气生产商首次获得批准，允许向亚洲国家出口液化天然气。[1] 2015 年位于北美西海岸的第一个 LNG 出口终端开始运营，连接 Alberta 和 British Columbia 的长距离管道已经铺设完毕，未来加拿大的天然气或将进入环太平洋其他国家。天

---

[1] 参见孙鹏："页岩气产业远景展望及风险分析"，载《中国能源》2014 年第 1 期。

然气的多元出口有利于加拿大摆脱对美国经济的依赖,尤其在美国特朗普政府扬言重新缔结 NAFTA 的大背景下,更有利于增强自身的经济安全。另一方面,页岩气革命促进了加拿大自美国进口廉价的油气产品。根据 EIA 统计数据,2015 年美国对加拿大的原油出口量达 1.6 亿桶,是 2000 年出口水平的 21 倍多。2012 年美国对加拿大的管道天然气出口量达到峰值,为 274.7 亿立方米。2005～2012 年,年均增速高达 15.3%。廉价而充足油气的进口也必将为加拿大的经济发展提供扎实的能源基础。

作为美国南方的邻国,墨西哥的页岩气资源储量位居世界前列,且长期以来还是美国重要的天然气出口市场。与加拿大不同的是,一直以来美国自墨西哥进口的天然气数量都很少。在美国页岩气革命对美国和墨西哥间能源贸易造成的影响中,美国受到墨西哥天然气出口的影响最为显著。2000 年以前,美国对墨西哥的天然气出口量大都保持在不足 28.3 亿立方米,2000 年以后,随着美国天然气产量的增长,出口量开始快速增长。2004 年出口量增长至 112.4 亿立方米,将近是 2000 年出口量的 4 倍。尤其是 2010 年以后,出口量更是陡然增加,2010～2015 年,美国对墨西哥的管道天然气出口量由 94.3 亿立方米增长至 311.3 亿立方米,年均增速高达 25.9%。2015 年墨西哥能源部宣布了一项旨在扩大全国天然气管网系统的五年计划,以吸纳来自美国的更高容量的进口天然气。由于墨西哥国内天然气产量的不断下降,来自美国的进口管道天然气有效地弥补了墨西哥国内的天然气产量缺口,减轻了对 LNG 进口的依赖。同时,由于地理上的邻近关系,两国页岩气资源状况有着很强的相似性。借助于美国和墨西哥之间的经贸往来,墨西哥可以学习美国页岩气开发的经验,推动墨西哥页岩气产业的发展。

二是促进欧洲摆脱对俄罗斯能源进口的依赖。欧洲大部分国家和地区缺乏天然气资源,对俄罗斯的天然气进口依赖程度强。近年来,国际形势的变动影响了欧洲从俄罗斯进口油气资源。2008 年国际经济危机以后,尤其是欧债危机以来,欧洲经济深陷泥潭,经济增长举步维艰。从俄罗斯进口油气需要向对方支付不少的财政资金,而长期以来对俄罗斯的能源依赖也成为其在地缘政治角力中被对方处处掣肘的重要原因。然而,美国的页岩气革命为欧洲开辟了新的能源进口渠道,借助大西洋航道,欧洲可以从美国源源不断地获取 LNG,能源的进口渠道将会更加多元化。而且相较于从俄罗斯进口天然气所采取的长期"照付不议"合同,LNG 进口多采取短期合同的形式,美国的 LNG 到岸价格要比俄罗斯与欧洲之间的天然气合同价格低 3~4 倍。事实上，由于 LNG 进口重新转向美国，2009 年欧盟 LNG 进口量就大幅增加 23%，从北非和俄罗斯进口的管道天然气数量则下降 13%。[1] 2010 年俄罗斯对欧洲的天然气出口数量更是下降 17%。欧洲能源进口的主动性逐渐增强，西欧能源进口国同俄罗斯 Gazprom 能源公司重新缔结长期的供给合同。相对低廉的天然气进口成本有利于欧洲国家减轻财政赤字，维持财政收支的平衡。同时，作为推动国际社会节能减排的标杆地区，来自美国 LNG 的进口也将缓解欧洲的经济发展对于清洁能源的需求。近年来，欧洲的煤炭、石油消费量在逐渐减少，而天然气的需求仍在不断增加。在全球接近 190 万亿立方米的技术可开采页岩气资源中，欧洲国家的资源赋存占比达 10%，其中，2011 年 EIA 估计波兰的页岩气可采资源储量为 5.3 万亿立方米，大量的页岩气资源分布于 Baltic 盆地。对于开发页岩气，波兰政府也抱有极大的兴趣和热情。法国也同样拥有丰富的页岩气可开采资源，其全国各地的页岩气技术可开采储量约有 4.2 万亿立方米。不过，仅从页岩气开发的角度看，目前欧洲包括法国、英国、德国等主要国家出于环境保护的考虑，大都采取禁止或限制境内开采的做法。但随着技术的进步、民众对页岩气的认知程度逐渐加深，欧洲的页岩气开发仍然存在巨大的潜力。

三是缓解了亚太地区主要国家的能源供求矛盾。亚太地区对于能源的需求十分强烈，作为世界第二大经济体的中国更是如此。页岩气革命将对中国造成一些直接和间接的影响。一方面，中国将面临更多的能源进口选择。随着中国与美国间经贸关系的发展，必将有大量的 LNG 出口至中国。受美国油气出口的压力，中东地区国家不得不为过剩的油气产品寻找市场，预计未来沙特将向中国出口比美国更多的石油。中国在同俄罗斯的能源贸易中提升了谈判能力，中俄之间的能源协议也更加容易达成。例如：2014 年中俄成功缔结了为期 30 年的东线天然气供应协议，为中国中长期的能源需求提供坚实的保障。另一方面，中国的油气公司已经成功钻探出一些页岩气开发的试验用井，页岩气资源潜力正逐渐转化为现实的产能。大量的天然气生产和进口将推动中国更多地使用天然气，从而减少石油和煤炭的使用，降低国内的二氧

---

[1] 参见冯玉军："国际天然气市场变化与中俄天然气合作前景"，载《国际石油经济》2010 年第 10 期。

化碳排放量。

　　日本国内一直注重核能的开发和利用,但是在福岛核试验以后,日本逐渐减少核电站的数量,降低核能的使用比例,更加重视天然气的消费。日本是亚太地区天然气需求量最大的国家,主要通过 LNG 的方式进口国外的天然气,同时也是世界 LNG 进口量最大的国家。根据 2016 年 BP 能源统计报告,2014 年,日本的 LNG 进口量达到 1229 亿立方米,占整个亚太地区 LNG 进口量的 51%、世界 LNG 进口量的 37%。其中,进口来源主要是中东和东南亚地区。但是日本 LNG 进口价格较高,2014 年日本 LNG 到岸价格高达是 16.33 美元每百万英热单位,而同期美国的天然气 Henry Hub 现货价格仅为 4.35 美元每百万英热单位。巨大的价差使得日本强烈希望同美国开展天然气贸易,并积极同美国签订天然气进口合约。通过建设更多天然气存储设施等方式,试图从美国进口更多的 LNG。从历史上看,日本一直是美国 LNG 出口的主要对象国,1985~1997 年美国的 LNG 全部出口至日本,随着美国天然气出口渠道的日趋多元化,对日本的 LNG 出口量有所减少,但仍保持较高比例。1998~2009 年美国对日本的 LNG 出口量占 LNG 总出口量的比重仍然保持在 90% 以上。因此,随着美国页岩气的不断开发,将会有更多的天然气出口至日本。

　　韩国的国内天然气需求也非常迫切。根据 2016 年 BP 能源统计报告,2005~2015 年韩国的天然气消费量由 304 亿立方米增长至 436 亿立方米。然而由于地质条件的影响,韩国国内几乎不生产天然气。因此,天然气的需求几乎全部依赖进口,2014 年韩国 LNG 进口量高达 486 亿立方米。同日本一样,韩国 LNG 的进口来源地主要也是中东和东南亚地区。海运是韩国进口液化天然气的主要方式,但是随着地区形势的变动日益复杂化,能源进口的安全性面临不小的挑战。由于美国与韩国之间保持紧密的战略同盟关系,从美国进口的 LNG 不仅价格低廉,还能得到美国海军的安全保障。因此,韩国也从美国的页岩气革命中受益。

　　②消极影响(对能源供给方)。

　　一是打击了俄罗斯经济。欧洲是俄罗斯能源出口的重要市场,欧洲对俄罗斯的天然气进口的依赖构成了世界地缘政治的一个特征。长期以来,俄罗斯掌握着与欧洲的天然气贸易的定价权和主导权。不仅如此,凭借能源优势,俄罗斯甚至联合伊朗、卡塔尔等天然气出口国通过效仿 OPEC 的形式,试图打造天然气领域的"卡特尔",从而操纵世界天然气市场。然而,美国的页岩气革命打破了俄罗斯寻求能源霸权的美梦，而且深化了美欧之间的能源合作。不久的将来，将会有更多美国的 LNG 和煤炭运往欧洲，俄罗斯在欧洲的天然气市场空间将被极大压缩。同时，俄罗斯的原油出口量也在下滑，已经由 2011 年的 478.6 万桶减少至 2014 年的 448.9 万桶。乌克兰危机后，欧洲已经在减少同俄罗斯的能源贸易和经济联系，美国页岩气革命的发展无疑将使得俄罗斯的经贸状况雪上加霜。此外，受美国页岩气革命的影响，国际天然气市场供过于求，导致天然气价格低迷。作为世界天然气第一大出口国，天然气出口贡献了俄罗斯超过一半的财政收入，天然气出口量价齐跌必然造成俄罗斯能源出口收入的大幅下降。由于俄罗斯经济结构单一，能源出口的不景气必然会迟滞俄罗斯经济的增长。再加上欧美仍未放松对俄罗斯的经济制裁，导致俄罗斯的经济增长表现更加低迷。据世界银行统计，2000~2009 年俄罗斯的经济增速已经由 10% 下降至 -7.8%，2010 年虽然大幅回升至 4.5%，但是其后仍然呈现持续下滑的趋势，2015 年再次出现负增长，增速仅为 -1.97%。可以说，美国的页岩气革命给俄罗斯的经济增长带来了沉重的一击，俄罗斯的经济发展前景不容乐观。

二是削弱了中东地区国家的地缘政治影响力。长期以来，中东地区由于拥有丰富的油气资源储量，一直是世界能源版图的中心，也是美国全球能源战略的核心。2016 年 BP 能源统计报告显示，截至 2015 年，中东地区的石油已探明储量占世界的 47.3%。天然气已探明储量占世界的 42.8%。而且其地理位置接近亚洲和欧洲这两大能源消费市场，能源供给有一定的市场基础保障。但是，美国的页岩气革命增加了全球市场的油气供应，不仅美国自中东进口的石油数量逐渐下降，而且欧洲等传统能源进口国家也在调减进口量。据 EIA 统计数据，2001~2015 年美国自海湾地区进口原油量由 9.7 亿桶减少至 5.4 亿桶，进口量占美国原油进口总量的比例也由 28.6% 下降至 20.2%。中东地区原油出口总量已经由 2012 年的 1807.7 万桶每天减少至 2015 年的 1703.7 万桶每天，预计中东地区的能源出口份额将会进一步减少。美国的页岩气革命在一定程度上带动国际石油、天然气价格的下跌，中东地区油气大国的出口收入大为减少。此外，随着美国经济复苏且经济增长势头向好，美元指数强势上升，美元作为国际储备货币的地位得以加强，美元升值预期平稳，以美元标价的石油等大宗商品价格因此而承受下降的压力。与俄罗斯经济状况类似，中东地区多数国家产业结构单一，经济发展高度依赖石油的出口,国际油价的持续下跌使得该地区国家财政收入陡然降低,国内经济发展的动力不足导致经济形势不景气,容易引发社会动荡。为应对美国页岩气革命带来的挑战,中东地区国家一度通过继续增加油气供应,进一步降低国际油价的方式,试图将美国的页岩油挤出国际油气市场,但是这一做法未能取得显著成效。过低的国际油价反倒进一步打压了沙特等国的经济增长。根据世界银行的统计数据,沙特的经济增长率已经由 2011 年的接近 10%下降到 2015 年的 4.11%。2015 年沙特的经济总量同比减少 14.3%。为此,2016 年 OPEC 产油国 15 年来第一次联合非 OEPC 国家共同限制石油产出,减少国际市场上的能源供给,希望以此拉高已经较长时间在低位徘徊的油价。美国油气供给能力的增强显著削弱了中东在国际能源市场的影响力,与此同时,对中东地区国家采取的战略收缩和战略转移也使其地缘政治影响力显著下降。中东地区国家操控原油市场的时代或将一去不复返,并将沦为美国对其他国家实施控制的工具,而美国也已经开启了一场新的能源战争。[1]

(3) 美国页岩气革命对世界能源格局的影响

①变革了世界油气供求格局。

页岩气革命改变了世界油气市场。长期以来,全球范围内能源供求的失衡严重地制约着世界经济的发展。一方面,常规油气资源具有一定的稀缺性,而且集中分布在少数国家和地区。另一方面,以新兴经济体为代表的能源消费国能源需求日益增长。世界油气资源的地域分布不平衡使得在国际油气市场上卖方享有优势地位。然而,页岩气革命增加了全球油气资源的潜在产出,打破了油气资源地域分布不平衡的状态。从供给的角度上看,随着美国的页岩气开发取得巨大成功,其他国家也跟着探索本国的页岩气资源。其中,加拿大的油砂、委内瑞拉的重油等都有重大发现,美国、加拿大、委内瑞拉等国的页岩油气的总和甚至远远超过中东地区的石油和天然气资源储量。[2]一条新的能源供给带正在美洲地区崛起。北美地区石油供给不断增长,与中东之间的差距在不断缩小,据 2016 年 BP 能源统计报告,2015 年北美和中东石油产量占世界的比重分别为 20.9%和 32%,预计未来两区域之间的差距将会

---

〔1〕参见邹佩花:"美国页岩气革命改变全球能源流通格局",载《能源研究与利用》2015 年第 1 期。

〔2〕参见林利民:"世界油气中心'西移'及其地缘政治影响",载《现代国际关系》2012 年第 9 期。

进一步缩小。美洲地区的天然气产量则长期高于中东地区和俄罗斯,西半球正在形成一个"新的中东"。传统的油气生产中心的地位日渐没落,世界油气生产的中心将由中东、中亚地区逐渐转向西半球,全球能源分布的版图将会就此改写。[1]此外,由于天然气跨区域运输成本较高、政治环境的制约等因素的影响,目前全球尚未形成统一的天然气供应市场,欧亚地区与美国的天然气价格体系相互独立。由于国内的天然气供应量爆发性增长,美国将通过液化天然气的方式,将本国过剩的天然气产能输往欧亚等能源需求区域。这将打破当前全球天然气市场彼此分割的状态,逐步推动天然气价格与石油价格脱钩,从而加速全球天然气市场的一体化进程。[2]随着美国天然气生产第一大国地位的逐步确立,或将形成以美元标价的国际天然气市场定价机制,这将对国际能源秩序产生深远影响。从消费市场的角度来看,未来的油气消费中心将会由以欧美为代表的发达经济区域转向以亚太为代表的崛起中的新兴经济区域。一方面,以中国为代表的发展中国家正处于经济发展方式升级转型的关键时期,新的高端支柱型产业仍处于形成阶段。在当前世界经济增长不景气的大背景下,旧的高耗能产业对于支撑经济增长、带动国内就业仍有重要意义。另一方面,以日本和欧洲为代表的发达经济体深受经济危机的影响,国内经济复苏前景不明朗,再加上"产业结构高端化"等因素,极大地抑制了这些国家能源需求的增长。从石油消费量上看,亚太地区经济发展对石油的需求量越来越大。2000~2015年亚太地区的石油消费量由11.5亿吨不断增长至15亿吨。同期,欧洲的石油消费量则从9.7亿吨不断减少至8.6亿吨,北美地区的石油消费量也从11.3亿吨下降至10.4亿吨。从天然气消费量上看,亚太地区的天然气消费需求量超过欧洲和北美洲的天然气消费量之和,并保持继续增长的态势。因此,从中长期来看,新兴经济体对能源需求的增加以及发达经济体对于能源需求的减少的趋势将会推动全球能源消费中心从欧美东移至亚太地区。[3]此外,美国的页岩气革命还加剧了国际油气领域的竞争。美国页岩油气产量的提高导致出口的增加,挤占了传统油气生产国的市场份额,从而引发激烈的价格战争,价格竞争使得国际油气价格持

---

〔1〕 参见于宏源:"页岩气革命背后的新重商主义与新自由主义",载《绿叶》2012年第7期。
〔2〕 参见潘旭明:"美国能源独立的影响及对我国的启示",载《理论视野》2014年第12期。
〔3〕 参见张恒龙、秦鹏亮:"'页岩气革命'对国际政治经济关系的重构作用",载《安徽师范大学学报(人文社会科学版)》2014年第2期。

续在低位徘徊,再难回到曾经的高油价、高气价时代。传统油气生产大国在经贸谈判中的优势地位被打破,为应对美国页岩气革命带来的挑战,不得不重新寻找新的买家因而也变得更加容易合作。[1]这些变化将会为欧洲、亚洲等油气消费区域带来长期利好。一方面,欧亚国家增加了能源进口的选择、拓宽了能源进口的渠道,因而能源安全得以保障;另一方面,廉价的能源进口成本使得国内的财政负担得以减轻,经济增长的动力得到加强。总而言之,受到页岩气革命的影响,世界油气市场供求格局呈现出重构趋势,国际能源价格的波动变得更加平稳,全球能源供求矛盾得到一定程度的缓解。

②改善了世界能源消费结构。

页岩气革命也改善了世界能源消费结构。美国页岩气革命以后,随着天然气产量的快速增加,世界各国认知和利用天然气的程度在逐渐增强,其对煤炭的替代作用逐渐显现。全球范围内天然气的消费比例逐渐增大,而煤炭的消费比例逐渐减小。从世界能源消费结构上看,当前,世界能源消费仍然以石油为主,据2016年BP能源统计报告数据显示,2015年世界石油消费量为43.3亿吨,世界石油消费量占初级能源消费量的比重为32.9%。煤炭占比为29.2%,天然气占比则达到23.8%。但是从总体上看,世界天然气需求表现出不断增长态势,而煤炭需求则表现出不断下降态势。2005~2015年世界天然气消费量由2.77万亿立方米增长至3.47万亿立方米,天然气消费量占初级能源消费量的比重也由22.8%增长至23.8%。世界石油消费总量虽然有所增加,但是石油消费量占初级能源消费总量的比重则由36%下降至33%。世界煤炭消费量增速缓慢,全球煤炭需求增长率已经由近4%下降至约-2%。IEA预计此后5年内天然气的消费比例将会以每年2%的速度增长,至2035年天然气的消费量占世界能源消费量的比重将超过25%。至2040年,世界天然气产量将增长至5.2万亿立方米,天然气的全球需求量将较2014年增长约50%。届时,世界石油消费占比仍将高达33%,天然气占比将增长至29%,煤炭占比下降至18%。[2]煤炭的发展将进入平台期,而天然气的发展速度将超过煤炭,成为世界上第二大能源,天然气在世界能源利用中的占比也将进

---

[1] 参见管清友、李君臣:"美国页岩气革命与全球政治经济格局",载《国际经济评论》2013年第2期。

[2] 参见曹斌等:"2030年后世界能源将走向何方?——全球主要能源展望报告分析",载《国际石油经济》2016年第11期。

一步提升。由于美国页岩气开发取得的巨大成功,世界油气供应增加,带动能源需求结构发生深刻变化。应该说,美国的页岩气革命改变了以往低碳经济发展需要依赖新能源的传统思维,使得能源开发的理念重新向依靠传统能源转轨。[1]因此从长期来看,化石能源消费仍将是未来能源消费结构的主力,但能源消费结构会因天然气使用的增多,煤炭、石油消费量的减少而得到优化。

(二) 国内背景

1. 国家能源革命战略

2012年中共十八大报告首次提出"能源生产和消费革命"的命题,[2]将能源革命提高到国家战略的高度,页岩气产业的发展转型正是响应能源生产和供给革命的号召。与此同时,十八大报告提出"保证各种所有制经济依法平等使用生产要素、公开公正公平参与市场竞争、同等受到法律保护"的要求,[3]为页岩气矿业权的公平分配提供了战略依据。

2014年6月13日,习近平总书记主持召开中央财经领导小组第六次会议,研究能源安全问题,明确提出我国能源产业发展的"四个革命、一个合作"战略思想,即:推动能源消费革命、供给革命、技术革命、体制革命,全方位加强国际合作。[4]这是对十八大报告中所提出的能源生产与消费革命的进一步展开和细化,界定了能源革命的具体内容和范围,为能源革命的开展提供了重要指导。

2014年国务院发布《能源发展战略行动计划(2014~2020年)》(以下简称《行动计划》),[5]提出大力发展天然气产业,不仅要加快提升常规天然气产量,而且要尽快突破非常规天然气瓶颈。《行动计划》将页岩气作为重点突破领域,提出到2020年实现页岩气产量超300亿立方米的目标。

---

[1] 参见尹硕、张耀辉:"页岩气产业发展的国际经验剖析与中国对策",载《改革》2013年第2期。
[2] 参见祝侃、许超:"工业余热——新型建筑替代能源的应用分析",载《建筑节能》2017年第1期。
[3] 参见"中共中央关于全面深化改革若干重大问题的决定",载《求是》2013年11月。
[4] 参见郭树宾:"聚焦新能源",载《新商务周刊》2015年第16期。
[5] 参见孟凡君:"页岩气开发撬动装备需求",载《装备制造》2016年第11期。

2. 页岩气十三五规划

2016年9月国家能源局发布《页岩气发展规划（2016~2020年）》（以下简称《规划》），首次将页岩气产业定位为清洁能源基础产业。《规划》强调，页岩气产业发展的指导思想是贯彻国家能源战略，通过技术创新和制度创新，着力提升页岩气产量。[1]针对矿业权问题，《规划》指出，一方面，页岩气探矿权两轮招标验证了能源资源矿业权出让的可行性和市场空间，但招标过程之中以及招标完成后所发现的问题也突出反映了我国现行矿业权出让制度的诸多缺陷，亟待完善。页岩气被确立为独立矿种，有利于进一步打破体制障碍，在产业链上游建立竞争性市场。[2]另一方面，由于页岩气主体矿区与传统油气矿区重叠，且这些矿区的矿业权已经被原有企业登记取得，在现行制度安排下，即使页岩气被确立为独立矿种，页岩气主体矿区的矿业权也不能用于出让。这就意味着，市场主体根本无法取得页岩气优质矿区的矿业权。

3. 美国页岩气革命对中国的启示

（1）中国的页岩气资源现状

①页岩气储量丰富。

受美国页岩气革命的启发，我国也已经着手研究和开发国内的页岩气资源。早在2009年，为查明我国页岩气存储和分布状况，国土资源部启动了页岩气勘察项目，并在重庆钻探出第一口页岩气井。之后为进一步了解我国页岩气资源状况，又持续投入巨资进行资源研究和调查。除青藏地区外，中国页岩气资源量为134.4万亿立方米，约为我国常规天然气储量的2倍。其中页岩气可开采量约为资源储量的20%，略低于美国EIA对我国页岩气可采储量的估计水平。我国的页岩气资源主要分布于上扬子及滇黔桂（9.94万亿立方米，占全国总量的40%）、华北及东北（6.7万亿立方米，占全国总量的27%）等区域。基于近些年的地质调查、钻探评估等实践和理论研究，发现受地形、岩层厚度、含气层保存条件、岩层分布、埋深等各方面有利因素的影响，海洋环境沉积相是发现页岩气分布最有利的线索。而我国四川盆地蕴藏丰富的海相形态，并拥有广阔的页岩气富集区域，其页岩气可采资源储量

---

〔1〕 参见孟凡君："页岩气开发撬动装备需求"，载《装备制造》2016年第11期。

〔2〕 参见孟凡君："页岩气开发撬动装备需求"，载《装备制造》2016年第11期。

约占全国的20%。而且埋藏深度在4500米左右，有利于页岩气的开发。

②页岩气产量增速较快。

2009年，我国地质调查队于四川盆地第一次发现页岩气。2012年11月，重庆涪陵的第一口页岩气井试井成功。自此，中国成为世界上又一个能够实现页岩气大规模开采的国家。同年，我国的页岩气实现首产2500万立方米的突破性成果，页岩气产量进入增长的快车道。2013年，我国的页岩气产量突破"亿立方米"的大关，产量水平达到2012年的8倍。2014年，我国的页岩气产量进一步突破"10亿立方米"的大关，产量水平是2013年的5.5倍。截至2015年，我国已经累计投资超250亿元。仅重庆涪陵页岩气田就已经持续生产页岩气近39亿立方米，并于2017年实现100亿立方米产能。2016年7月，我国地质调查局实施的安页1井实现油气开发重大进展，获得了超过10万立方米的页岩气日产量，这是在我国页岩气主产区——四川盆地之外首次实现的油气领域的重大突破。总体上看，我国页岩气开发虽然起步晚，但是产量增速快，页岩气储量大且质量优，未来我国的页岩气产业发展潜力巨大。

（2）美国页岩气革命对中国的借鉴意义

①充分重视页岩气开发。

从认知层面上看，应该重视页岩气开发的意义。首先，我国应该重视页岩气生产对我国能源安全的意义。目前，中国的天然气供求缺口还很大，并呈现出不断扩大的态势。强化本土页岩气等非常规能源的开发力度，增加国内天然气供应，有利于满足我国不断增长的能源需求。其次，随着经济实力的提升，环境资源保护与经济建设之间的矛盾日益突出，我国政府也越来越重视经济增长方式的转变，更加强调"绿色发展"理念。目前，在我国的能源消费结构中煤炭仍然占据主要地位，导致城市的空气污染日益严重。相对而言，页岩气是一种更加清洁、高效、优质的燃料，且在我国境内分布广、资源充足。因此，开发页岩气将会助力我国经济发展方式的低碳转型。然而，由于我国的页岩气成藏机理较为复杂，资源的赋存条件差，再加上页岩气资源分布的地形条件复杂，我国目前对于页岩气资源储量及分布状况等认知水平仍然有限。页岩气的形成和富集机理尚不明确，关于深层页岩气的理论和开采技术仍然不足。因此，还需要进一步提高地质勘探水平，加强页岩气地质理论研究，完善资源调查与评估，为我国页岩气开发提供理论指导。

②发挥政策引导作用。

从政府层面上看,应该强化政府的政策引导作用。首先,由于我国尚处于页岩气产业发展的起步阶段,对于企业而言,页岩气的开发风险高、周期长、具有很强的正外部性。因此政府部门有必要延续财政补贴政策,加大补贴力度,从宏观层面制定页岩气开发的专项规划,并将其纳入国家产业发展规划体系中。还应注意中央、地方产业发展规划的衔接,统一政策目标,推动政策落地。其次,还应该解决好政府与市场之间的关系,美国的页岩气开发实践证明,市场机制比政府的政策引导更有利于吸引和扩大企业投资,[1] 竞争更有利于技术的进步和成本的减少。因此,应该制定完善的法律法规保障市场主体的产权。同时,打破企业垄断和市场割据,鼓励市场主体公平进入和充分竞争。鼓励更多的中小企业进入页岩气市场,充分激发企业创新意识和企业家精神。再次,还应该完善页岩气矿产开采的招投标管理制度,加大研发政策的支持力度,设立专项基金用于鼓励非常规油气资源的科学研究。加快建成竞争性的市场机制体制,鼓励金融机构开发相关的金融产品,满足企业的融资需求,降低企业的市场风险。最后,还应该制定严格的监管政策。从美国页岩气革命的经验来看,矿区周边居民的恐惧心理是页岩气开发的重要阻碍因素。[2] 因此,应该强化事前监管。科学设置页岩气开发区域,从源头上避免对居民区的污染。健全相关的法律法规,针对非常规天然气的开采制定专项环保标准。强化事中监管,严格控制压裂液中化学物质的使用和水资源的取用,倡导使用雨水、生活废水等液体开展水力压裂活动。严格落实事后监管,还应对返排液的处理轨迹实施路径监管,禁止返排液污染地下清洁水层和地表土壤。建立信息公开制度,及时公开矿区周边空气、水、土壤等质量信息,充分保障周边民众的知情权,赢得民众的支持和参与。

③提高开发技术水平。

从技术的角度来看,技术进步可以有效降低开采成本。但是,由于我国自然地理情况的特殊性,不宜照搬美国页岩气开采的技术经验。在我国,各

---

[1] 参见陈卫东:"页岩气革命与能源安全",载《青海科技》2012年第5期。

[2] 参见周美闻、秦勇军、张纯臻:"页岩气热潮背后的环保思考",载《三峡环境与生态》2013年第2期。

种相态的页岩都有所分布,且地形地貌复杂,页岩气成因多元。因此,我国必须立足于本国实际,创新性地开展勘探技术研究。可以借鉴美国经验,从宏观层面制定区域页岩气开发战略,持续投入研发资金,推动政府部门、高校、能源公司之间的技术攻关合作。积极打破行业准入,充分引入中小企业参与竞争。同时,采取减税降费的政策激励措施,为企业的持续经营营造一定的利润空间。一方面,多措并举开展核心技术的自主研发工作;另一方面,还应该强化对美国的能源合作。积极引入美国的能源企业投资中国的油气生产市场,通过沟通与交流,借鉴美方的开采技术。

④完善基础设施建设。

从管网设施层面上看,只有配备完善的管网设施,页岩油气的产销问题才能真正得以解决。针对我国天然气管网设施建设滞后的问题,应该在充分利用已有管网设施的基础上,放宽投资准入条件,吸引社会资本参与基础设施建设。扩大投资规模,建设更多的天然气运输管网,增加管网运力。同时,还应创新天然气运输手段,拓宽运输渠道。采取就近开发、就近利用的理念,建设一批 LNG 或 CNG 加工装置,再通过公路运输的方式将加工后的页岩油气资源运往能源需求市场。或者可以就近投资建造燃气发电设施,将开采出的部分天然气转化为电能,通过当地的输变电网络,以电力的形式提供生产生活使用。这样,既能充分利用天然气效能,又有利于减轻管网运输压力,有利于中西部地区的页岩气开发。

4. 我国页岩气开发中的水资源问题

(1) 我国页岩气开发对水资源的影响

和其他石化能源开发一样,页岩气开发始终与水息息相关、密不可分。一些国家一直谨慎对待页岩气开发,其核心问题就是水力压裂技术在短时间内需要消耗大量的水资源,并造成严重的水资源污染。考虑页岩气开发的技术特征和我国水资源分布状况,水资源始终是页岩气开发中绕不开、躲不掉的头号难题。具体而言,表现为以下三个方面:

①水资源严重消耗。

页岩气开采过程中需要大量使用水资源,特别是在水平钻井、水力压裂过程中,用水量非常巨大。美国能源署曾进行统计,每钻一口页岩气井,需要用水 758 万升~1516 万升。据美国环境保护署统计,为开发页岩气资源,美国每年大约消耗 2.65 亿立方米~5.29 亿立方米水。[1]要实现页岩气大规模商业化开发,保证水资源充足供应是前提基础和必备条件。据《世界水资源发展报告(2012)》统计,中国人均水资源占有量为 2260 立方米,约为世界人均量的 1/4,美国的 1/10,加拿大的 1/58,在全球 180 个国家和地区中排名第 128 位,是世界上严重缺水的 21 个国家之一,年均缺水量达 500 多亿立方米。国务院《关于实行最严格水资源管理制度的意见》(国发〔2012〕3 号)明确提出用水效率红线。按照用水效率红线要求,到 2020 年每万元工业增加值用水量应减少到 65 立方米,2030 年则应减至 40 立方米。这意味着高耗水行业在我国特别是在干旱缺水地区将会受到限制。如何统筹好页岩气资源开发与水资源利用和保护的关系是一项值得深入研究的重大课题。与美国相比,我国页岩埋藏深度普遍较深,尤其是四川长宁—威远地区埋藏深度普遍达 2600 米~3000 米,因此水力压裂过程中对水资源的需求和消耗更加巨大。[2]目前,国内对页岩气钻采用水量还没有具体的官方统计数字,但是根据有关学者调查数据,由于页岩地质条件复杂和开采技术落后等原因,我国平均每口页岩气井在钻探和压裂过程中约消耗水资源 2.5 万立方米,远高于美国 1.5 万立方米的平均水平。[3]可以预见,在未来较长时间内我国水资源短板会更加凸显,给页岩气大规模开发带来严重挑战和刚性束缚。

②水资源污染风险。

页岩气开发造成的水资源污染包括地表水污染和地下水污染,两者情况有所不同。从地表水污染来看,其污染主要由压裂液返排造成。返排产生的废水共包括两种类型:一是返排废水,二是生产废水,废水中含有大量的化学物质,还包括一部分天然放射性物质,有毒有害污染物含量非常之高。[4]由于这种废水盐度高、有机物含量高、污染度高,无害化处理难度很大,一旦处理不到位很可能会对地表水造成严重污染。此外,压裂过程还会涉及大型

---

〔1〕参见杜群、万丽丽:"美国页岩气能源开发的环境法律管制及对中国的启示",载《中国政法大学学报》2015 年第 6 期。

〔2〕参见卢景美、高文磊、刘学考:"页岩气开发的环境影响和环保策略",载《天然气与石油》2014 年第 3 期。

〔3〕参见刘文士等:"美国页岩气压裂返排液处理技术现状及启示",载《天然气工业》2013 年第 12 期。

〔4〕参见冯相昭等:"基于 SWOT 分析的中国页岩气开发战略评析",载《环境与可持续发展》2013 年第 2 期。

运输设备，压裂液和返排液可能从注水井、储存罐泄露或溢出等技术风险，都可能对地表水造成严重污染，水资源污染问题始终利剑高悬。从地下水污染来看，地下水污染主要由含有化学添加剂的水力压裂液造成。在钻井过程中，每口井的水力压裂液需要使用 56 900 升添加剂，这类添加剂含有有机污染物、重金属、辐射物等对水资源有较大危害的化学物质。一旦这些有毒有害物质不当使用或者与地层中的大量盐类、天然放射性物质混合并产生一系列化学反应，通过自然断裂、裂缝在地底压力下运移或者直接向上方灌注，都可能对地下水资源造成严重威胁，值得我们高度警惕。此外，在开发过程中可能出现人为操作失误，或者因不可抗力导致采气管道破裂，使压裂液直接泄露到地下水中，也会严重污染区域水环境、破坏当地水生态平衡。一旦控制不力，甚至可能带来严重的生态系统危机，其生态灾难后果将不堪设想。从国外的情况来看，美国能源部曾经对压裂液水样进行抽样分析，发现其包含柴油、石脑油、乙烯、硫酸、铅等 29 种医学上已经比较明确的致癌物。返排废水中还有很多污染物，不仅包括各种化学物质和残留物，还包括一些有毒物质，如果污染物质渗透到供水系统，就会造成饮用水污染。残留物也会渗透到地下，进入地下水层，对地下水造成直接污染，这种污染持续时间很长，对水环境的潜在危害也很大。2011 年 2 月，怀俄明州就发生了一起地下水源污染的案件。美国环保署对此专门进行调查，2012 年 12 月，在一份针对怀俄明州一处地下水源污染事件的调查中，美国环保署首次将水源污染与水力压裂法正式联系起来。[1] 美国其他一些州针对这一现象，专门制定了相关的法律，限制水力压裂技术的使用，特别是把水污染问题作为立法重点，以避免页岩气开发对水资源造成严重的负面影响。

③气水分布矛盾更加突出。

我国页岩气资源与水资源分布明显错位，使得页岩气资源开发与水资源利用和保护的矛盾更加突出，给统筹协调好两者关系带来许多具有显著中国国情特点的现实困难。除了青藏地区之外，全国页岩气可采资源量为 25.08 万亿立方米，其中上扬子及滇黔桂区、华北及东北区、中下扬子及东南区、

---

[1] 参见顾家瑞："美国多措并举控制页岩气开发环境污染"，载《中国石油和化工经济分析》2012 年第 7 期。

西北区可采量分别为 9.94 万亿立方米、6.70 万亿立方米、4.64 万亿立方米、3.81 万亿立方米，占全国总量分别为 39.63%、26.70%、18.49%、15.19%。从我国水资源区域分布来看，整体呈现南多北少、沿海多内陆少的特点。我国页岩气田大多分布在缺水地区，《页岩气发展规划（2011~2015 年）》指定的 13 个重点省、直辖市，有 7 个属于水资源短缺地区，西北、华北地区页岩气储量丰富，当地水资源却相当紧张。此外，拥有 39.63%储量的西南五省（川渝黔滇桂），季节性缺水特点明显。再加上近年来西南地区干旱灾害频发，大规模开发页岩气可能抢占农业和生活用水，让当地水资源紧缺状况雪上加霜，严重危及脆弱的生态环境，甚至引发社会矛盾或社会冲突，给页岩气开发带来更大的不确定性。更为严重的是，代表目前世界页岩气开发先进技术的美国马塞勒斯页岩区废水溢出和泄露比例高达 62.5%。

可以想象，一旦地下水遭到污染，对区域水环境和生态平衡的负面影响是难以估计的。特别是对我国这样一个水资源分布不均、页岩气资源富集地区却严重缺水、生态条件相当脆弱的国家来说，我们必须牢固树立科学发展观，坚持"五大发展理念"，按照经济社会可持续发展的原则，依靠法律手段解决水资源保护与页岩气开发的突出矛盾。

（2）我国页岩气开发中的水资源法律规制现状与问题评析

①我国页岩气开发中的水资源法律规制现状。

从我国现行法律制度而言，《中华人民共和国环境保护法》《中华人民共和国水法》《中华人民共和国水污染防治法》（以下《环境保护法》《水法》《水污染防治法》）等都对水资源保护和水污染防治作了相关规定。但是法律具有滞后性，页岩气是一项新兴产业，发展中面临很多新的法律问题。页岩气开发面临水资源大量消耗的现实难题和水资源严重污染的巨大风险，现行法律能否有效解决页岩气开发中的水资源保护和水污染防治问题，值得深入研究，从而更好地完善相关法律制度，促进能源与水资源的协调可持续发展。2015 年 1 月 1 日开始实施的新《环境保护法》被认为是我国环境保护方面最严格、最权威的综合法律制度，其规定的保护环境、防治污染的基本原则和具体制度均适用于页岩气开发中的水资源的利用与保护。《水法》是我国开发、利用、节约、保护水资源和防治水害的专门法律制度，对协调生活、生产经营和生态环境用水作了全面了规定，也可以用于规制页岩气开发中面临的水资源问题。2012 年国务院公布了《关于实行最严格水资源管理制度的意见》，意见中设立了"三条红线"，对水资源进行最严格的管理，具体包括水资源开发利用、用水效率、水功能区限制纳污等三项严格的红线管理。2017年6月修订的《水污染防治法》，对于"放低公益诉讼门槛，建立有毒有害水污染物名录，加大违法排污处罚力度，扩大排污许可证范围，环评、检测机构与排污单位承担连带责任"等方面做了全面补充和修改完善，也为解决页岩气开发中出现的水资源保护与水污染防治问题提供了基本的法律遵循。总体来看，我国对页岩气开发中的水资源法律规制可以概括为以下六个方面内容：

第一，鼓励清洁生产法律规制。《环境保护法》第40条针对清洁能源和资源循环利用作出了明确的规定。该条款强调任何企业都必须积极利用清洁能源，提高资源的利用效率，对于任何污染严重、废弃物多的工艺和设备要及时地淘汰，进行科学的无害化处理，尽量把污染物减低到最小程度。《中华人民共和国清洁生产促进法》第25条针对矿产资源的勘探和开采进行了明确的规定。该条款强调在勘查和开采过程中，要采取先进的工艺，严格防止污染，加强对环境和资源的保护，尽量提高资源利用效率。以上规定从立法理念和立法原则方面对我国加强技术创新、促进页岩气能源开发提供了巨大的空间。第二，取水用水法律规制。《水法》第7条对用水制度进行了明确的规定。该条款强调我国的水资源实行有偿使用，并且建立了有偿使用制度、取水许可制度。第48条针对用水单位和个人进行了明确的规定，强调单位和个人从江河、湖泊、地下取水，应该严格按照《水法》第7条的规定，首先向行政主管部门或流域管理机构申请取水许可，正式获得批准之后，再缴纳相应的水资源使用费，然后才能够获得取水权。按照以上规定，页岩气开发需要大量水资源，无论是从江河湖泊取水，还是抽取地下水，开发企业都必须依法获得许可，并按照有偿使用原则，缴纳水资源使用费，否则就不能获得取水用水权。

第三，水资源管理法律规制。《水法》第12条、第47条明确规定，国家水资源管理体制实施流域管理和行政区域管理相结合的制度，同时施行总量控制和定额管理相结合的制度。按照以上规定，在页岩气开发过程中，使用水资源要受到流域管理部门和当地水行政主管部门的双重管理，一旦开发过程中造成水资源污染，也必定受到流域管理部门和当地水行政主管部门的双重责任追究。地方政府必须根据地方水资源条件和环境承载能力，合理确定能源产业布局。换句话说,在页岩气富集的缺水地区开发页岩气应当受到用水总量和定额管理的双重约束,页岩气产业发展始终受到水资源的刚性制约。

第四,水资源节约法律规制。《水法》第 51 条、第 53 条明确指出,工业用水应该增加循环使用次数,提高水的重复利用率,企业要不断改进工艺、技术和设备。任何新建、扩建和改建项目,只有制定详细的节水实施方案、完善节水措施,才能够正式投入生产。由于在页岩气开发过程中使用水力压裂法会导致大量水资源消耗,按照节水设施应当与主体工程同时设计、同时施工、同时投产的"三同时"要求,页岩气开发企业要坚持节约用水的理念,积极制定、实施节水行动方案,积极投入人力和资金,不断改进生产技术,切实提高水资源利用率,以缓解水资源供需矛盾,提高页岩气资源开发的综合效益。

第五,水污染防治法律规制。《水污染防治法》规定的水污染防治规划、环境影响评价、"三同时"、排污申报等制度,也都适用于页岩气开发过程。该法第 34 条明确规定,禁止向水体中排放废弃物质,包括放射性的固体废物,也包括放射性的废水。任何排放行为,都必须符合国家有关放射性污染防治的规定,只有达到低放射性物质标准才允许排放。第 42 条明确指出,只有采取防护性措施,才能够兴建地下工程设施,或者进行各种勘探和开采活动,其目的就是为了防止地下水污染。这些规定可以直接用于规制页岩气开发过程中可能产生的水资源污染问题。页岩气开发企业直接向水体排放水力压裂废水或者污水必须满足国家规定的标准,否则会受到法律的严厉制裁。此外,页岩气开发钻井也必须配置符合水资源保护要求的技术设备,尽量避免造成地下水污染。

第六,水环境监测法律规制。《环境保护法》第 17 条针对环境监测进行了明确规定,指出国家要建立健全环境监测制度。该制度由国务院环境保护主管部门统一制定,形成自上而下的组织监测网络,对国家的环境质量进行统一管理、监督。在国家的统一规划下,各地要建立起环境质量监测站,对当地的环境质量进行监测,并实现监测数据共享。环境质量监测站的设置要符合法律法规,满足监测规范要求。按照以上规定,在页岩气开发活动中,地方政府应设置环境质量监测站点,如果区域水环境出现异常情况,监测站点应负责及时、如实、准确上报信息,并尽最大努力将水污染影响控制在最小范围内。

②我国页岩气开发中的水资源法律规制问题评析。

从法理上来讲，作为一种新能源，页岩气开发过程中造成的水环境问题，应当纳入既有的法律体系予以规制。但是，对照页岩气开发中水资源风险规制的法律要求，我国现行法律规制还存在以下六个方面明显不足：

第一，信息公开制度不够完善。《环境保护法》第24条确立了对污染排放的现场检查制度。该条款明确规定了被检查者应当提供必要的资料，如实地反映环境真实情况，现场检查的部门、工作人员应该遵守商业秘密的规定，依法为被检查者保守秘密。但是页岩气开发的核心技术，尤其是水力压裂液被认为是商业秘密，页岩气开发企业往往声称披露会很容易导致其竞争对手轻易破解和掌握其核心关键技术，因此拒绝向外界披露。水力压裂液可能因操作不当对周边水资源造成无法预测的严重污染。因此，有必要采取法律强制手段要求页岩气开发企业对外公开水力压裂液成分，并接受社会监督。该法第55条明确规定，重点排污单位要定时地向社会公众公开相关的排污信息，接受社会公众的监督。但是，在页岩气开发过程中，国家没有制定具体的处理污水和返排液的技术标准，对于如何储存、运输废水，如何处理水力压裂液等也没有明确的规定。法律的生命力在于执行，因此在具体实施时存在法律规定不明、可操作性差、难以具体适用等突出问题。

第二，流域管理与行政区域管理权责不清。《水法》第12条规定我国对水资源实行流域管理和行政区域管理并行体制。但是对行政区域管理与流域管理之间的职责划分缺乏明确规定，其立法理念是行政区域管理权高于流域管理权，从而导致流域管理缺乏应有的权威性、强制性。行政区域管理权凌驾于流域管理权之上的制度设计，可能导致地方政府出于地方利益考虑，对同一水域水资源利用和保护的执法尺度宽严不一、标准不同。某些地方政府往往以促进经济发展为由，出于地区经济利益考虑，有意无意地放松对页岩气开发中的水环境监管。

第三，水权转让与排污权交易制度不够健全。《中华人民共和国宪法》（以下简称《宪法》）、《水法》均明确规定，水资源属于国家所有。《水法》有明确的条款，规定了集体经济组织中的水塘和水库，全部属于集体所有。从法律关系上看，取水是法律规定的取水行为，或者国家和政府授权许可的取水行为，取水权是无偿的、不得转让的，用水权则是有偿的、可转让的。我国取水制度实行行政许可方式，水资源分配制度比较单一，难以满足页岩气开发中大量用水的迫切需要。就我国页岩气资源分布状况来看，大多页岩气富集地区水资源都比较短缺，页岩气的开发用水量非常大，需要耗费大量的水资源，据有关部门统计，页岩气开发消耗的最大用水量可达用水总量的90%。在现行水资源分配制度框架内，前期用水可能因与农业、生活、其他工业用水发生冲突，按照优先保证居民生活用水的原则，页岩气开发用水不能顺利获得许可，从而影响和制约页岩气资源的开发。因此，我们应当不断转变观念，主动适应现代产业发展需要，尽快实现取水权向用水权制度的转变。

第四，排污权交易制度不够完善。从内涵上来讲，排污权交易制度是激励企业通过技术创新和污染治理减少污染排放，并将污染物排放权利在市场上通过平等协商进行有偿转让的制度构建。但是实施这一制度要有一个前提条件，即符合排污许可管理要求，同时能够对污染物的总量进行合理控制。这一制度安排有利于鼓励企业减少污水排放，通过排污权交易增加企业经营收益，既满足相关交易主体的排污需求，将污染物排放总量控制在国家法律和环境承载量所允许的范围内，又有利于水资源和环境容量资源的优化配置。从目前立法现状来看，我国没有关于排污权交易的法律规定。因此，通过对页岩气开发中排污权交易的具体内容和操作规程进行明确的法律规定，不仅有利于控制页岩气开发中的污染物总量，而且有利于大幅度减少页岩气开发带来的水污染问题。

第五，水力压裂液性质认定存在模糊之处。其核心问题是水力压裂液的性质如何界定，是否属于废水，是否按照废水管理的相关法律进行规制。从理论上来讲，水力压裂液不是《水污染防治法》中认定的废水，《水污染防治法》中关于废水的法律规定不能适用于水力压裂液管理。但是水力压裂液使用后，部分回流形成返排液，含有各种有毒有害物质，会对地表水、地下水造成污染，因此需要适用《水污染防治法》中关于废水的法律规制。总而言之，水力压裂液性质上不属于废水，但是使用后又要按照废水管理的相关法律制度进行规制，从而造成法律适用上的前后矛盾，在既有的水污染防治法律框架下难以实现有效规制。

第六，环境影响评价制度存在漏洞。实施该制度的根本目的是，对风险进行有效的预警、识别和评价，制定有效的风险预防策略，实现对环境的有效保护。该制度设计需要预先对环境污染的状况进行分析、预测和评估，建立预警机制，对于环境污染进行有效地防范和及时地应对处理。目前我国缺乏评价页岩气开发对水环境影响的专门法律法规和技术规范，只能按照常规天然气的规定进行。然而两者差异很大，对区域整体水环境的影响差异更大。特别是，页岩气开发的特殊技术会导致常规天然气开发中不会出现的水环境问题，评价常规天然气开发对水环境影响的法律规定不适用于页岩气开发。具体来看，首先在压裂环节页岩气和常规天然气存在很大差别。其次，页岩气建设项目大多以单井工程环境影响报告表的形式进行审批，这种"化整为零""变大为小"的方式，无法全面地分析页岩气开发对水资源和水环境的实际影响，特别是水力压裂、废水灌注等对地下水资源和水环境的具体影响。最后，从实际情况来看，在先行示范区页岩气开发中，也没有落实公共参与制度，没有通过听证会、论证会等形式公开征求有关专家和社会公众的意见，通过社会集体的行动对水环境和水生态影响进行充分科学有效的评价。

（3）国外页岩气开发中的水资源法律规制与经验借鉴

根据唯物辩证法理论，页岩气开发是一把双刃剑，有利也有弊，有巨大的优点，也有明显的缺点。一方面，作为一种新兴清洁能源，页岩气开发能够实现资源的充分开发和高效利用，带来巨大的经济效益，满足经济发展的能源需求，保障国家能源安全，推动低碳发展战略实施。另一方面，页岩气开发又会造成大量的水资源消耗，带来严重的水污染风险，形成经济学上的"负外部性影响"。如何通过法律的手段对页岩气开发进行合理规制，使其对环境尤其是水环境的不利影响降低到最低程度，成为未来页岩气产业能否持续顺利发展的关键所在。为此，各国在强化页岩气开发中水资源利用与保护的法律规制方面进行了很多积极努力。美国、加拿大在页岩气开发方面，已经取得了很大的成就，引领了世界先进水平，在水资源法律规制方面有着比较成熟的制度设计和先进的立法经验。

①美国页岩气开发中的水资源法律规制。

美国页岩气能源开发的环境监管实行"以州为主，联邦调控"的制度模式。联邦负责制定页岩气开发中环境监管的相关法律法规，州政府负责具体执行，同时州政府还负责制定和实施本州的监管法规。在联邦层面，能源部是页岩气开发的最高管理机构，能源部下属的能源监管委员会负责监管页岩气开发，环境法律、法规执行监管则由联邦环境保护署负责。在州层面，主要有环保局、能源委员会等页岩气开发监管机构。当联邦规定与各州规定不一致或者发生冲突时，一般按照上位法高于下位法的原则，以联邦规定为准；

当州标准高于联邦标准时，按照从严管理的原则，以高标准为准。具体来说，美国在页岩气开发中的水资源法律规制体现出联邦与州分权负责的特点。

联邦关于页岩气开发中的水资源法律规制主要包括：第一，《安全饮用水法》。《安全饮用水法》于1974年被美国国会审议通过，根据时代变化和社会发展需要，于1986年、1996年先后经历两次大幅度修改。该法授权联邦环保署制定基于人类健康的饮用水国家标准，防止因饮用水污染对国民身体健康造成伤害。《安全饮用水法》主要针对地下灌注活动进行监管，防止污染物灌注到地下饮用水源而造成污染。对此，美国设置了严格的安全技术标准，对地下灌注活动进行严格的法律管理，并且严禁注入特定物质。[1] 美国第一个联邦地下灌注控制条例于1980年正式颁布并实施。1986年修订后的《安全饮用水法》，将地下水污染也纳入管理范围。根据相关规定，在页岩气开发中一旦对地下水源造成污染，联邦环保署就应立刻采取应急反应并采取制裁措施，对违法行为实施非常严厉的经济性惩罚。第二，《清洁水法》。这部法律的立法初衷和根本目的是为了保护水资源质量，防止任何向地表水排放污染物的行为，通过法律的手段对污染物排放进行规制。该法律建立了美国国家污染物排放消除系统许可证制度（NPDES），成为水污染防治法律制度的核心内容，联邦环保署负责NPDES制度实施。该法授权联邦环保署对地表水污染物、水质标准进行规制，并且确定可排放的污染总量，对工业活动排放污染物进行严格的限制。《清洁水法》明确规定，在未获得法律允许的情况下，禁止任何单位、个人向水域排放污染物。联邦环保署授予各州对污染物排放控制的系统管理权，各州污染物排放控制管理计划首先要向联邦政府提交，获批准之后才能够实施。根据联邦授权，各州有权制定基于技术和水质的污水排放限制制度，目的就是为了严格控制水质标准。[2] 此外，根据"以州为主，联邦调控"的分层分权制度体系，各州必须先执行联邦规定的污水排放标准，在执行联邦标准的基础上，可以提高本州污水排放标准，主要目的是为了更好地保护水资源，促进联邦和各州在水污染防治和水环境监管方面协调一致、形成合力。第三，水资源规划与水节约制度。联邦制定了各种详细具体的水

---

［1］ 参见杜群、万丽丽："美国页岩气能源开发的环境法律管制及对中国的启示"，载《中国政法大学学报》2015年第6期。

［2］ 参见杜群、万丽丽："美国页岩气能源开发的环境法律管制及对中国的启示"，载《中国政法大学学报》2015年第6期。

资源监测计划,并根据水资源监测的不同要求进行分类管理,规定水质控制指标、污染物允许数量,同时明确了页岩气开发所需的水环境控制系统,出台各种污染的控制措施,并对页岩气开发设施进行规划管理,明确开发所需的废水处理基地和技术设施。高度重视页岩气开发中的节约用水,目前钻探过程中大约七成的水来自水力压裂的回收水。[1]伴随技术不断进步,近年来美国页岩气开发中产生的返排液已基本实现回收再利用,用水总量明显减少。

各州关于页岩气开发中的水资源法律规制。根据联邦授权,各州负责页岩气开发中的水环境保护监管。通过对各州水资源法律法规的深入分析,对照页岩气开发中水资源利用的过程环节,可以概括为四个方面。第一,水力压裂液的化学物质披露制度。得克萨斯州、怀俄明州、路易斯安那州、密歇根州等十多个州已经出台了化学物质披露条例。据统计,美国14家油气公司在2006~2011年页岩气产量快速增加的5年中,使用了大约295万立方米压力添加剂,其中包括750种化学产品以及苯、铅等有毒有害物质,回收的水力压裂液如果未能妥善处理或者一旦发生泄露,对水环境的负面影响是难以估量和控制的。美国能源部明确要求,水力压裂液中的化学物质应当进行公开披露。水力压裂液披露内容包括使用水量、水力压裂液化学物质等。《安全饮用水法》对信息披露形式进行了明确的规定:一是向社会公众部分披露。密歇根州、阿肯萨斯州通过立法明确规定,页岩气开发企业要及时地公布水力压裂液中的添加物质,并通过公开的网站、媒体接受社会公众的监督,甚至要公布每一口井的水力压裂液含有的化学物质。二是向管理者全部披露。比如,怀俄明州明确要求,开发企业必须提交水力压裂液的全部化学物质目录。北卡罗莱纳州要求,在水力压裂完成后的2个月内,页岩气开发企业要向环境监管部门披露水力压裂液的所有化学物质目录以及浓度记录。第二,水资源使用权取得制度。主要包括以下内容:一是水源地保护。比如,纽约州、宾夕法尼亚州对页岩气开发活动或者污染物排放与饮用水源地的距离进行明确规定。二是严格取水限制。比如,路易斯安那州明确规定,页岩气开发企业不能从引水层抽取水资源,用于页岩气的开发过程。三是严格取水审批。比如,密歇根州明确规定,页岩气开发企业只有制定详细的水资源使用

---

[1] 参见岳来群:"中国页岩气开发不可照搬美国经验",载《中国经济导报》2010年第10期23日,第A03版。

计划，并向环境保护局提交使用报告，审批通过后才能够依法进行取水。四是严格取水评价制度。比如，密歇根州要求，页岩气开发企业需要大量取水时，必须通过网络取水评价系统对拟取水量进行评价和审批。此外，部分干旱缺水州还根据占有水的时间及使用程度决定水权等级，进行严格分级管理。第三，水污染防治与处理制度。水污染防治和处理分为地下注入、污水处理厂处理、土地填埋以及废水循环利用等四种方式。比如，纽约州明确规定了在页岩气开发活动完成后 45 天之内，开发企业必须完成回流水转移。宾夕法尼亚州允许开发企业将废水送到公共污水处理厂，开发企业要制定水资源使用规划并最大限度地循环利用废水。由于水资源比较缺乏，得克萨斯州要求，废水回收后应重新用于水力压裂。有需求就有市场，社会需求成为水资源技术创新和水市场发育的最大动力。因此出现了很多专门为页岩气公司处理污水的专业性公司，促使形成一个产值几十亿美元的水资源服务市场。比如，得克萨斯州 2008~2011 年页岩气开发水力压裂用水量增加了 125%，其中 20%是压裂后经过无害处理并循环再利用的水，而且这种循环再利用水资源的发展趋势还在增强。第四，应急处置与责任推定制度。美国联邦相关法律明确规定，各州负责制定应急处置方案，加强对页岩气开发过程中发生泄漏的应急处理能力。应急处理方案应该涵盖钻井、生产和提炼的各个环节，方案中要有明确的控制装置泄漏的方法，目的是保证事故发生时能够进行紧急处理，把损害降低到最低水平。为有效避免和严格治理水污染，密歇根州、宾夕法尼亚州等四个州通过法律规定，严格追究法律责任，实行污染推定原则，即在页岩气开发钻井一定范围内发生水污染时，承担法律责任的第一人是开发企业，除非开发企业能够证明自己已经先行进行了必要、适当、有效的防治措施。

②加拿大页岩气开发中的水资源法律规制。

加拿大页岩气资源储量非常丰富，是继美国之后第二个成功大规模商业化开发页岩气的国家。为了加强水资源管理，2011 年加拿大发布了《岩气开发水力压裂技术指导条例》。该条例明确规定，对水资源使用情况要进行信息披露，对地表水和地下水资源进行水量、水质双重保护，以减少对水资源的负面影响；在页岩气开发中要尽量使用清洁水的替代物，大力倡导对水资源进行回收循环再利用。[1]深入分析加拿大页岩气开发中的水资源法律规制，

---

〔1〕 参见王南等："美国和加拿大页岩气产业政策借鉴"，载《国际石油经济》2012 年第 9 期。

可以总结出以下三个方面内容：

第一，以生态系统方法加强水资源管理。生态系统方法强调水资源系统各组成部分与人类、经济、社会、环境一体化，实行综合性管理模式，体现了可持续发展的理念原则。加拿大把页岩气开发中的循环用水与区域居民农业生产、日常生活用水紧密关联，进行一体化管理、一体化配置，注重水资源循环利用，尽量减少清洁水的直接使用。

第二，实行严格的许可证制度。在加拿大，页岩气开发取水、排出废水都必须依法获得行政许可，并且严格执行页岩气排污标准。污水排放标准确定程序非常严格，由技术咨询委员会负责制定，技术咨询委员会成员由有关专家学者、企业代表等组成。[1] 加拿大一直坚持开门立法、民主立法，在污水排放标准制定过程中充分听取利益相关者的意见建议。页岩气开发企业在进行开采活动之前，要向有关部门提交申请，只有获得取水许可证，并且获得排污许可证之后，才能进行取水和排放污水，否则就无法进行开发活动。

第三，加强开发过程中水资源的综合管理。加拿大注重钻井活动和施工环节的综合管理，要求页岩气开发企业在施工时重视保障地表水和地下水水量、水质，有效降低页岩气开发给水资源带来的污染风险，明确规定了施工用水要回收再利用，这样既能够有效地减少污染发生，又节约了大量水资源。在使用水资源时，要减少对清洁水的过度消耗，尽量使用回收循环再利用的水。此外，还严格要求企业监测和公开水资源使用情况，促进新能源开发与水资源利用和保护的可持续发展，实现经济效益和生态效益的平衡协调。

③外国页岩气开发中的水资源法律规制经验借鉴。

他山之石，可以攻玉。系统分析梳理美国、加拿大等开发技术先进、开发经验丰富的国家页岩气开发中的水资源法律规制，可以总结出以下几个显著特点：

第一，完善的法律制度体系。从立法情况来看，美国、加拿大已经建立了从钻井、压裂到返排液体，涵盖页岩气开发全周期、各环节的水资源利用与保护的法律规制，以完善的法律制度体系保障页岩气产业的可持续发展。在水资源规划制度方面，注重对页岩气开发地区设置水环境控制系统，进行

---

[1] 参见杨春："加拿大水资源管理模式及对我国的借鉴意义"，载《水土保持应用技术》2006年第1期。

设施规划以及水质监测计划。值得关注的是，在页岩气开发初期，美国、加拿大都是将常规法律规制尤其是环境监管法律适用于页岩气开发。之后随着环境问题不断出现，及时修改现行法律，积极制定专门法律，实施更加严格、更加完善的水资源保护制度。

第二，协调的水资源监管体系。作为世界上典型的联邦制国家，美国、加拿大联邦政府和地方政府权责清晰、分工明确、运行协调，有利于妥善解决能源开发中的水资源监管问题。比如，美国页岩气开发中获取水资源流域涉及多个行政区域的，要由流域管理委员会统一审批，使用水资源要受到流域管理协议约束。流域管理委员会由来自联邦政府和流域内各州政府的委员组成，流域管理委员会负责流域水资源综合规划，进行全流域水资源管理。美国建立了"以州为主，联邦调控"的页岩气开发的水资源法律规制体系。联邦授权各州进行水资源监管执法。各州在联邦法律体系下，出台专门规制页岩气开发的法律制度。主要表现为以下方面：一是对水力压裂技术标准进行立法规制；二是以法律手段制定废水排放技术标准；三是对压裂井技术进行立法规制，防止水力压裂液对地下水造成污染。通过地方立法可以有效弥补联邦法律的空白和不足，及时解决页岩气开发中的过度水资源消耗、水资源污染等突出问题。2005年美国《能源政策法》修改了《安全饮用水法》关于"地下灌注"的规定，《安全饮用水法》不再规定水力压裂，水资源监管由各州具体负责。立法者把监管权力转交给各州行使，允许各州获得优先管理权。这种模式使各级政府各司其职、各尽其责，在各自权限范围内履行水资源监管职责。

第三，有效的环境影响评价制度。美国和加拿大都建立了严格的环境影响评价制度。比如，美国通过《国家环境政策法》《国家环境政策实施程序条例》，以法律形式确立环境影响评价制度，将环境影响评价应用于页岩气开发中，并建立环境影响评价全过程监督机制，更好地落实国家环境政策的预期目标。此外，社会公众还可以通过环境影响评价活动充分参与环境治理，通过参与治理促进环境法治建设，实现页岩气能源开发与水资源合理保护的双重目标。

（4）我国页岩气开发中的水资源法律规制创新

从我国页岩气开发进程来看，《页岩气发展规划（2011~2015年）》明确提出，到2020年页岩气产量要达到600亿立方米。但是经过5年开发，

"十三五"规划明显降低了这一目标,将其减少为300亿立方米。纵观当今世界各国,由于不能彻底解决页岩气开发带来的各类环境问题,尤其是水资源污染问题,部分国家包括美国在内,页岩气开发呈现更加谨慎、有所放缓的趋势。为了更好地加强对能源的开发管理,2012年国际能源机构提出了关于世界能源开发的若干准则,同时颁布了《天然气黄金时代的黄金规则》的特别报告。该报告对能源开发中的水资源使用与水污染处理进行了规范,明确了要提高运营效率,尽最大可能实现水资源循环利用,尽量减少水资源的使用量,降低对水资源的负面影响;尽量减少化学添加剂的使用,科学地对废水进行处理,研发环境友好型的解决方案,努力实现水资源的可持续利用。因此,加强页岩气开发中的水资源法律规制,是促进页岩气产业持续快速发展不可或缺的重要环节和必由之路。客观地说,作为页岩气开发的后起国家,目前我国对页岩气开发中的水污染控制、水资源利用效率及水质分析等方面的研究尚不够系统深入。2007年《〈中华人民共和国能源法〉征求意见稿》明确规定了新能源、可再生能源的标准。页岩气作为非常规天然气,其大规模商业化开发给生态环境特别是水环境带来的挑战是前所未有的。因此,我国应该积极学习借鉴国外立法经验,加强法律规制研究和实践,不断完善页岩气开发和水资源保护一体化的法律制度,坚决避免走先污染后治理、边污染边治理的老路,努力实现能源开发和水资源保护的协调一致。具体来说,在页岩气开发中要着力完善以下几个方面的法律规制。

①完善页岩气开发中的水资源规划与总量控制制度。

要以实现能源与水资源协调可持续发展为目标,作好页岩气开发地区水资源总体规划,编制水质规划和水质监测计划。首先,要对水资源使用范围和水体用途进行分类管理,科学制定水质控制标准,合理确定污染物排放量,明确规定页岩气开发中产生的废水和污水的处理途径,以促进水资源合理充分利用。其次,要对页岩气开发地区水环境保护基础设施的建设进行规划,特别是专门用于处理水力压裂液的环保设施,以有效治理页岩气开发带来的水污染问题。最后,要作好取水评价,水资源管理部门要对页岩气开发企业拟取水量、水质以及用水效率等进行严格审核,根据拟取水量是否超过取水上限、拟采水源水质、每口页岩气井循环利用废水量等指标作出技术评价,并根据评价结果决定是否准许取水,以确保水资源配置始终在可控制范围内,尽量减少水资源的大量消耗。

按照用水总量控制制度,各级水资源行政管理部门对本区域严格执行年度用水总量控制制度,各流域管理机构对本流域实行用水总量控制制度。在页岩气开发中,应当在取水总量规划内控制水资源的利用。如果超过了总量控制指标,就不得对相关页岩气开发企业审批取水许可。如果页岩气开发地区水资源规划配额不能满足开发中的水资源需求,可允许页岩气开发企业采取铺设管道运水、外地调水、废水回收再利用等方式来填补水资源缺口,从而保证当地页岩气开发用水量控制在总量范围内,避免水资源过度消耗带来的生态环境和社会矛盾问题。此外,要明确规定页岩气开发企业须制定实施废水综合利用方案,通过技术手段实现废水、返排水无害化处理,或者实现废水循环再利用,严格控制水污染排放量,把排放量控制在排放总量指标范围内,有效避免潜在的水污染问题。

②完善页岩气开发水资源监管制度。

关于水资源监管体制改革,划清水资源管理责任界限和各部门的职权范围,是首当其冲、亟待解决的问题。首先,要从体制改革创新入手,改变流域管理和行政区域管理中的部门重叠、职权不清、利益冲突的现象,从而降低管理成本,提高水资源管理效率。其次,要着力完善流域管理和行政区域管理并行制度,对水资源实施立体化保护。我国当前重行政区域管理、轻流域管理的模式,造成了水资源管理的混乱,导致一些重要的河流和湖泊污染严重,一直没有得到根本的解决。为此,要进一步明确流域管理和行政区域管理的权责关系,划清权责界限,加强清单管理,充分树立流域管理机构的权威性、主导性。可以借鉴美国流域水资源管理模式,推进我国水资源管理体系改革,解决水资源管理政出多门、利益主体偏多造成管理交叉或管理空白的问题,探索流域管理部门对页岩气开发中的地表水资源使用进行统一集中管理的模式。对于页岩气开发中的地下水资源利用,可由行政区域水主管部门统一集中管理,以进一步丰富水资源分配制度。最后,要改革、完善页岩气开发中的水资源全程监管制度体系。页岩气开发对水资源和水环境产生负面影响是不可避免的,是由能源开发技术性质决定的。对此我们不可能因噎废食,完全停止或者放弃页岩气资源开发。我们要认真遵守能源—水资源关联的内在规律,坚持战略思维、系统思维、辩证思维,以"减量、回收处理、循环利用"的办法,做好页岩气开发中的水资源监管。根据系统论的理论,系统是由相互依赖的若干要素结合而成、具有特定功能的有机整体。在页岩气开发中，能源与水资源是不可分割的整体系统，开发的各过程、各环节也是不可分割的整体系统。因此，一方面要明确页岩气开发中水资源保护的责任主体，另一方面要加强勘探开发全过程的事前、事中、事后"三监管"。无论是事前监管、事中监管还是事后监管，都不能够放松管理。在事前监管中，监管的主要内容是勘探开发前水力压裂使用水量、水力压裂液中含有的化学物质、各项设施能否达到预期排污量等准备工作，从源头上避免水环境风险。事中监管着重对水力压裂液使用情况、水资源使用量、产生废水量与处置方式、实际排污量以及对水资源的负面影响等进行监管，及时解决水资源过度使用和水污染问题。事后监管瞄准页岩气开发带来的长期风险进行评估，并按照"谁开发、谁受益、谁污染、谁负责"的原则，对达不到标准的企业给予重罚。此外，对于页岩气开发中的水污染问题，我国新《环境保护法》也有效解决了诉讼难的问题。对于此类案件，由人民检察院提起公益诉讼，落实了责任主体和诉讼主体，从长远角度来看，有利于解决页岩气开发带来的水污染问题。

③完善页岩气开发战略环境影响评价制度。

我国页岩气开发技术总体比较落后，和美国页岩气开发相比，当前仍然处于起步阶段，再加上我国特殊的地理位置、独特的地质条件和页岩气分布状况，在做好合理制度设计的基础上，还需要战略性地评价页岩气资源的开发潜力，综合评价对水环境造成的长远影响。要把水资源规划与环境影响评价结合起来，对页岩气开发进行科学的评估，并且采取积极的措施，只有这样才能够避免页岩气开发过程中带来的水环境问题。要进一步完善相关法律法规，从立法角度加强对页岩气开发战略环境评估，建立起完善的环境影响评价机制。国家能源局《页岩气产业政策》第29条明确指出，在页岩气勘探开发利用过程中，国家要对此进行全面的评价，评价的内容包括资源环境效率、生态环境承受力、环境风险等内容，并且明确了禁止开采页岩气的区域，比如在自然保护区内严禁开采页岩气。但是产业政策毕竟不是法律制度，不具备法律的规范约束力和强制执行力，只有上升到法律层面，才能从根本上治理页岩气开发中的水污染问题。为此，在项目评价和规划评价的基础上，国家能源局、生态环境部、水利部、自然资源部等部门要高度联合，协同对页岩气开发战略进行环境评价，深入分析页岩气开发与环境保护特别是水环境保护之间的关系。"不谋全局者，不足以谋一域"，在国家层面要从整体上、长远上优化页岩气开发战略布局，然后再决定实施具体开发项目。要率先开展长宁—威远、昭通、涪陵等3个国家级海相页岩气示范区和延安陆相国家级页岩气示范区水环境评价工作，重点对水资源、水环境、地下水等方面进行系统评价。从长远角度来看，要积极探索将页岩气开发的相关规划、政策、计划也纳入战略环境评价范畴，进一步完善评价体系，从根本上为页岩气资源开发提供有力的法律保障。此外，要积极借鉴美国、加拿大经验，重视公众参与环境影响评价，政府启动页岩气开发项目之前要及时召开听证会、论证会，充分征求公众意见，建立有效的水环境信息沟通机制；要求页岩气开发企业公开水力压裂液中的化学物质成分，以及水力压裂过程中的水用量、废水量、废水处理方式等，更好地实现能源开发与水环境保护的双赢目标。

二、研究综述

（一）能源供给革命方面的研究

关于能源供给革命的具体方案，林伯强认为，首先要优化现有能源结构，认清什么能源该生产什么能源不该生产。其次，清洁能源的革命性发展是能源供给革命的核心问题，在我国目前以煤炭为主的能源结构中，清洁利用煤炭，将煤炭使用集中于电煤无疑是最正确的选择。最后，能源供给革命要处理好短期和长期的关系，确定哪些是马上要解决的问题、哪些是中长期发展要解决的问题，前者应该立即行动，后者应该提前布局。[1]仲精旺认为，加快推进中国新一轮能源革命，电力改革是应当首要关注的内容。本轮电力改革的核心价值取向是旨在建立一个绿色低碳、节能减排和更加安全可靠、实现综合资源优化配置的新型电力治理体系，推动我国顺应能源大势的电力生产、消费及技术结构整体转型，强调新型电力治理体系管理框架的顶层设计，目的在于重建电力规划体系，建立以综合资源规划（IRP）为核心的国家电力规划设计体系和实施体系。[2]曹新认为，调整能源结构是中国能源发展面临

---

〔1〕参见艾顺龙："能源革命：清洁煤电挑重任"，载《中国电力报》2014年8月5日，第8版。

〔2〕参见仲精旺："电力体制改革究竟改什么"，载《广西电业》2014年第11期。

的重要任务之一,也是保证中国能源安全的重要组成部分。加快推进中国能源结构的战略性调整,仍是解决能源问题的重中之重,要继续降低煤电比重,减少对石化能源资源的需求与消费,降低对国际油气资源的依赖,大力发展新能源和可再生能源,以能源革命引领新的工业革命。[1]许勤华认为要增强能源供应能力建设。保障能源有效供给是合理控制能源消费总量的基础,现阶段中国能源供需平衡问题尚没有得到很好解决。具体表现为煤炭领域、电力领域、油气领域对外依存度的居高不下。为应对能源供应的紧张形势,需要把提高能效、节约能源作为能源战略的重要目标和措施。重视替代能源的开发利用,加大可再生能源比例,逐步降低对化石能源的依赖程度。[2]

能源安全供给无疑是能源供给革命的风向标,但能源清洁供给也同样势在必行。不少学者强调清洁供给在能源供给革命中的重要性。如林伯强认为,能源供给革命是指在满足能源需求、保障能源供应安全的前提下,改变能源结构,发展清洁能源,形成多元化的能源供应体系,推动能源供给的低碳化、清洁化、多元化、稳定化和网络化。环境治理的迫切性要求能源供给革命将供给清洁化和多元化置于首要地位。[3]周大地认为,能源供给革命的核心是推动能源的绿色低碳发展,调整能源结构,不同能源有进有退。煤炭产能和火电能力过剩为调整能源结构提供了契机。我们不但可以加快增量结构调整,还可以尽早开始存量结构调整。[4]韩文科同样主张,调整和优化能源结构是保障能源安全、提高能源开发利用整体效率、减少温室气体和主要污染物排放的长期性战略选择。调整优化能源结构的实质,就是努力增加清洁能源在能源供应和消费中的比重,为此,应当提高煤炭清洁利用水平,设置煤炭消费总量上限,改革煤炭价格形成机制,加大煤炭资源税收力度,减少终端行业煤炭使用量;利用国际市场,并加大国内常规和非常规天然气开发力度,尽快提升天然气的利用规模。[5]李鲤认为,风电作为技术成熟、成本较低的可再生能源技术类型,以其资源的丰富性和零碳属性,将在中国能源革命进

---

[1] 参见曹新:"调整能源结构 引领工业革命",载《学习时报》2015年1月19日,第A4版。
[2] 参见许勤华:"中国能源生产与消费取向:自发达国家行为观察",载《改革》2014年第8期。
[3] 参见林伯强:"能源革命的核心在于体制革命",载《中国证券报》2014年11月7日,第A04版。
[4] 参见周大地:"能源革命推动绿色发展",载《光明日报》2014年12月4日,第13版。
[5] 参见韩文科:"加快推进我国能源结构调整",载《环境保护》2013年第20期。

程中发挥越来越重要的作用。[1]也有学者认为，相比煤炭、石油而言，页岩气燃烧过程更为清洁且排放较少，因此具有良好的经济效益和社会效益。但是页岩气的开采不仅消耗大量水资源，也会对当地水体、大气等生态环境造成新的威胁。[2]张新华等学者认为，当前人类面临着严峻的能源供应短缺挑战和巨大的能源安全压力。在这种挑战和压力驱动下，正酝酿着一场新的全球范围的能源革命，其包含两个平行而互促的重点或方向：一个是可再生能源的开发利用；另一个是新能源，重点是氢能源的研究、开发和利用。[3]周洁、白木提出，最终全世界将转向一种更洁净、更加可持续发展的能源——氢能源。人类利用能源的整个历史，其实质是燃料非碳性化的历史。随着人类社会日益富裕，使用的燃料开始从碳含量高的固体燃料变为含碳量低、液体状的碳氢化合物燃料，并最终变为洁净的气体燃料。事实上，氢气是人类燃料最理想的载体——它不仅充裕，而且化学成分简单，产生的能源十分洁净。[4]郭苏认为，太阳能作为一种开发潜力巨大的新能源和可再生能源，早已引起了世界各国的广泛关注。日本、德国、以色列等国家都投入了大量资金和人力对其进行研究并取得了大量科研成果。[5]

（二）天然气供需与安全方面的研究

殷建平等学者认为，应合理引导天然气消费，在一定程度上限制工业用气、限制天然气发电厂项目的过度增加，恢复部分发电厂使用燃煤等其他替代能源，控制新上天然气化工项目；按照市场规律，充分发挥价格杠杆作用来调整供需不平衡的问题；同时重视天然气储备问题，一是为增强预防突发事件和供应国国内政局动荡所造成的天然气供应短缺甚至中断的风险的能力，二是为积极应对天然气季节性调峰的需求。[6]发展页岩气对保障我国天然气安全具有重要战略意义，其不仅能弥补我国未来天然气供需缺口，还可以改

---

〔1〕 参见李鲤："《建立和维护风电市场良好秩序宣言》发布"，载《机电商报》2014年11月3日，第A03版。

〔2〕 参见逆流："不可忽视的能源革命"，载《矿业装备》2013年第3期。

〔3〕 参见张新华等："世界能源革命的前沿和趋势"，载《社会观察》2004年第9期。

〔4〕 参见周洁、白木："能源革命：时代的呼唤"，载《山西能源与节能》2002年第2期。

〔5〕 参见郭苏："太阳能：世界能源革命的推动者"，载《科技潮》2005年第5期。

〔6〕 参见殷建平、袁芳："从天然气短缺谈我国天然气安全问题"，载《价格理论与实践》2010年第4期。

善我国能源供应的地理格局。在分析借鉴美国页岩气开发的成功经验的基础上，追踪我国页岩气发展历程与现状，提出了发展我国页岩气的三项对策，即攻关关键技术、出台扶植政策和创新管理体制。[1]

李志强指出，"我国天然气资源严重不足，而过分依靠进口天然气会危及我国能源安全。发展煤制天然气对于保障我国天然气供应安全和平抑天然气价格波动具有重要意义。"[2]

张雷认为，能源安全包括能源供应安全和能源使用安全。所谓能源供应安全，即能源供应的稳定性，是指满足国家生存与发展正常需要的能源供应保障的连续与稳定程度；而所谓能源使用安全，即生态环境安全性，是指能源的消费及使用不应对人类自身的生存与发展环境构成大的威胁。其中，前者是国家能源安全的基本目标，是量的概念；而后者是国家能源安全的更高的追求，是质的概念。可见，能源安全是能源供应安全和能源使用安全的有机统一。[3]

杨泽伟认为，要建立我国能源安全的双边合作法律制度，与能源进口国和出口国的合作，需要各国政府间达成相互理解和信任的油气供需正式协议。明确双方所应承担的法律责任和义务；我国能源安全的多边合作如同OPEC、海湾合作组织、东盟及上海合作组织等机构的合作，可借鉴国际能源机构的运作机制，谋求解决这样一些法律问题：怎样通过多边国际合作建立合理的能源定价机制、如何制定有助于协调发展的法律和制度框架、如何为能源的可持续发展制定国家行动纲领以及如何提供关键性新技术的示范等。[4]

（三）天然气产业市场化方面的研究

王少国认为，"天然气市场是以勘探开发、集输和销售为轴心运转的生产经营全过程中，按专业化分工和消费形成的所有商品和生产要素交换关系的总和。天然气产业的市场化就是让市场在勘探开发、集输和销售领域发挥应有的作用，以推进天然气资源的有效开发和利用。""中国天然气价格一直是

---

[1] 参见殷建平、鄢尚军："发展页岩气是保障我国天然气安全的重要对策"，载《改革与战略》2012年第2期。

[2] 李志强："加快煤制天然气产业，维护天然气供应安全"，载《化学工业》2009年第12期。

[3] 参见张雷："论中国能源安全"，载《国际石油经济》2001年第3期。

[4] 参见杨泽伟："我国能源安全保障的法律问题研究"，载《法商研究》2005年第4期。

由政府管理，实行的是国家定价或国家指导价。目前，根据国家颁布的价格管理权限，中国天然气井口价、净化费和管输费由中央政府管理，城市配送气服务费由省（市）地方政府管理。"[1]

马义飞认为，"我国天然气产业正处于产业成长期，接近产业成熟期。此前属于加强监管阶段，此后，随着市场机制的形成，可逐渐放松监管，发挥更多的市场作用。"[2]

胡鞍钢认为，"中国经济发展的瓶颈不是资源的短缺，而是资源配置的低效率。而要解决资源利用的无效性问题，必须通过市场机制，通过鼓励竞争来实现，可以说，当前中国经济改革的重点已经转向打破垄断。"[3]

武盈盈认为，通过对天然气价格水平进行国际比较和等热值比较，证实了我国天然气出厂价格偏低，住宅用气价格偏低，工业用气价格偏高；认为价格扭曲会带来需求的急剧膨胀和供给短缺。因此，建议在政府规制框架内形成灵活的、考虑市场竞争因素的定价机制；改变目前使用的成本加成法，逐步过渡到净值回推定价方法。[4]

（四）天然气产业政府规制方面的研究

赵映川认为，"规制是天然气产业发展到一定阶段的必然选择。英美等天然气工业较发达的国家，天然气工业的发展都经历了全面管制到放松管制，最后实行完全竞争，这是天然气工业发展到一定的必然选择。"[5]

张昕竹认为，"本质上讲，规制治理结构主要解决的是利益冲突的控制问题，包括不同规制机构之间、规制机构与规制企业之间、规制机构和规制企业与消费者或公众之间的利益冲突。"[6]

郭广珍认为，天然气产业既不属于纯粹的垄断产业，也不属于纯粹的竞争性产业，在上游的开采，下游的销售等环节具有更多的竞争特性，而在中

---

[1] 王少国、房宏琳："中国天然气产业的市场化研究"，载《学术交流》2013年第1期。
[2] 马义飞："我国天然气产业监管与市场化进程研究"，载《生产力研究》2010年第7期。
[3] 胡鞍钢、过勇："从垄断市场到竞争市场：深刻的社会变革"，载《改革》2002年第1期。
[4] 参见武盈盈："国内外天然气价格水平比较分析"，载《国际石油经济》2008年第10期。
[5] 赵映川："国外天然气产业规制改革研究"，载《科技创业月刊》2012年第2期。
[6] 参见张昕竹："论垄断行业改革的理论基础"，载《经济社会体制比较》2011年第3期。

间的管输等环节则具有更多的自然垄断特性,因而应该区别进行规制。[1]

(五) 天然气法律体系方面的研究

刘进利认为,我国天然气产业立法应该包括市场准入法、市场竞争法、市场监管法。[2]

刘岩认为,《中华人民共和国石油天然气管道保护法》(以下简称《天然气法》) 至少应包括以下内容:各级政府的职责,政府监管机构的组织、地位、权力、义务、财务、监管原则和运行机制等;天然气运输管理模式和运行机制,天然气生产企业、管道公司、配送公司、销售公司的地位、资格、权利和义务,天然气和管输费确定的原则和定价机制,管道建设及运营的审批、施工、维护、安全保障、第三方准入、容量买卖等;对外合作的模式及领域,消费者权益保护,HSE,天然气进出口、违法处置等。[3]

张志军认为,石油天然气应采取全行业统一立法的模式,能有效避免不同事项立法或上中下游分别立法所产生的各单行法之间的矛盾或冲突,有利于构建统一的石油天然气法律体系。[4]

陈玉龙认为,应该逐步确立《天然气法》的基本框架,并与《中华人民共和国矿产资源法》(以下简称《矿产资源法》) 相衔接。可发布相关政策法规,对天然气上下游市场准入、管道运输包括向第三方开放、配送和销售、定价原则、监管制度等作出规定,再逐步完善。[5]

袁华江建议,政府在修改《矿产资源法》或单独立法时考虑颁布《天然气法》,兼含对煤层气的开发利用规制内容,明确对特定共伴生矿产资源的探矿权申请规则,规定探矿权申请在先原则的例外情况,确立共伴生矿产资源一体化开发利用的法律原则;结合《中华人民共和国物权法》(以下简称《物权法》) 强制实施气体矿产的权利登记、发证制度,对气体矿产的中外合

---

[1] 参见杨丽萍、郭广珍:"天然气产业的规制与改革研究",载《山东科技大学学报(社会科学版)》2004 年第 1 期。

[2] 参见刘进利、时光玉:"我国天然气产业管制模式改革分析",载《天然气技术》2008 年第 2 期。

[3] 参见刘岩:"加快中国天然气行业立法进程",载《天然气工业》2004 年第 6 期。

[4] 参见张志军:"我国石油天然气立法模式的选择",载《中国石化》2007 年第 11 期。

[5] 参见陈玉龙:"我国应加快天然气立法进程",载《天然气工业》2001 年第 5 期。

资合作开发实行合同强制备案制度，明确合同中中外各方的权利和义务。[1]

罗东坤认为，面向竞争的法律制度只能局限在长距离输送领域。要对长输管道实施协商的第三方准入制度。[2]

（六）矿业纠纷调解方面的研究

1. 关于多元化纠纷解决机制的研究

王学辉认为，法官"大调解"只是权宜之举，大部分社会纠纷应主要通过与诉讼相衔接的非诉讼纠纷化解机制来调整处理。[3]胡仕浩认为，坚持中央的顶层设计与地方试点探索相结合是多元化纠纷解决机制的"中国方案"的一大特色。[4]李瑜青、夏伟认为，法治社会条件下完善多元化纠纷解决机制，要以这一机制所内涵的宽容精神价值取向为基础并建构起合理化的运作路径。[5]梁平认为，多元化纠纷解决机制的完善必须回应地域解纷差异的需求，策略性发展纠纷解决机制，深化纠纷解决机制的公益性运行与市场化运行机制，建立多元纠纷解决体系的保障促进机制。[6]胡仕浩、龙飞、马骁认为，多元化纠纷解决机制改革呈现法治化、专业化、智能化、社会化、国际化的发展趋势。[7]刘楠认为，"眉山经验"的阶段性成效体现在通过国家动员来构建纠纷解决体系，通过司法保障来提升非诉纠纷解决的权威，通过司法资源的科学配置来促进纠纷的分层递进解决，构建一个体系化、权威化、科学化的多元纠纷解决机制。[8]

---

[1] 参见袁华江："国外煤层气产业政策及其对我国的借鉴意义"，载《国际石油经济》2009年第11期。

[2] 参见罗东坤、褚王涛："借鉴欧美经验制定中国天然气法律"，载《天然气工业》2007年第1期。

[3] 参见王学辉："多元化纠纷化解机制研究——基于过程与阶段视角的分析"，载《行政法学研究》2012年第1期。

[4] 参见胡仕浩："多元化纠纷解决机制的'中国方案'"，载《中国应用法学》2017年第3期。

[5] 参见李瑜青、夏伟："多元化纠纷解决机制的价值及其路径思考——兼驳机制的运行与法治社会建设相悖论"，载《学术界》2016年第9期。

[6] 参见梁平："多元化纠纷解决机制的制度构建——基于公众选择偏好的实证考察"，载《当代法学》2011年第3期。

[7] 参见胡仕浩、龙飞、马骁："多元化纠纷解决机制的中国趋势"，载《人民司法》2018年第1期。

[8] 参见刘楠："多元化纠纷解决机制改革的'眉山经验'"，载《法律适用》2015年第7期。

2. 关于人民调解的研究

吴俊认为，人民调解不应向行政化方向发展，其发展趋势应是高度的社会化和完全的自治性。[1]蔡维力、郭甜认为，法院柔性司法的推行可有效缓解诉讼压力，深入化解矛盾，稳定社会，满足群众对多元化纠纷解决之方式的需求，是人民调解制度改革与前进的价值坐标。[2]刘显鹏认为，对人民调解协议的司法确认程序应以充分落实当事人在人民调解过程中所达成的合意为基点进行制度设计：从申请确认的主体来看，应允许一方当事人提出确认申请；从审查的内容来看，法院主要应进行形式审查，实体上仅限于审查调解协议的可执行性；从确认的形式来看，法院应通过裁定来赋予人民调解协议以强制执行力。[3]郝振江认为，人民调解协议司法确认裁判的效力根据在于非讼裁判权的运用和当事人的合意。关于确认决定，在案外人异议期后它应具有形式确定力，虽不具有既判力但应具有一事不再理的效力；具有给付内容的确认决定还应具有执行力；某些确认形成性法律关系的决定，则应具有形成力。[4]刘加良认为，人民调解员的常规业务培训应该在适度引入市场机制的同时注意克服流于形式的弊病；人民调解的工作经费应列入一般性财政补助的范围；司法确认程序应该作为通过人民调解化解民事纠纷过程中非常态性的程序，力争不予适用或减少适用。[5]董小红、高宏贵认为，当前我国的人民内部矛盾呈现出许多新的变化，对人民调解工作提出了更高的要求。完善人民调解制度，必须进一步明确人民调解组织的定位，注重组织建设，提高人民调解员队伍的素质，规范人民调解工作程序，明确调解协议的效力，从而使我国的人民调解工作服务于构建社会主义和谐社会的需要。[6]洪冬英认为，调解协议的效力是有效解决纠纷的关键，对调解协议效力的司法审查

---

〔1〕 参见吴俊："人民调解制度的再完善"，载《学习与探索》2012年第1期。

〔2〕 参见蔡维力、郭甜："人民调解制度的内在困结与进路破解"，载《重庆大学学报（社会科学版）》2015年第3期。

〔3〕 参见刘显鹏："合意为本：人民调解协议司法确认之应然基调"，载《法学评论》2013年第2期。

〔4〕 参见郝振江："论人民调解协议司法确认裁判的效力"，载《法律科学（西北政法大学学报）》2013年第2期。

〔5〕 参见刘加良："论人民调解制度的实效化"，载《法商研究》2013年第4期。

〔6〕 参见董小红、高宏贵："论人民调解制度的重构——基于人民内部矛盾新变化的视角"，载《社会主义研究》2010年第1期。

则是诉调对接、多元化纠纷解决机制成功构建的关键一环。调解协议的司法确认包括赋予调解协议强制执行力和对调解协议变更、撤销及无效认定的正反两方面内容。调解制度的完善,必须规范调解协议的司法审查制度和相关程序。[1]刘敏认为,在调解全球化的趋势下,要保持我国人民调解的活力,并发挥更大的作用,有必要进一步明确人民调解在我国纠纷解决体系中的地位,处理好人民调解与诉讼的关系,深刻把握人民调解的正当性基础,严格规范人民调解员的行为。[2]

3. 关于人民法院在推动多元化纠纷解决中的地位

张文亮认为,要发挥人民法院在多元化纠纷解决机制中的核心作用,引领、推动多元化纠纷解决机制的发展。[3]傅郁林认为,法院的"诉前调解"可能导致以"方便群众"之名行剥夺人民诉权之实,也可能导致司法权越位于诉权制约和程序规则的范围之外。[4]赵钢认为,法院的"诉前调解"违背了民事司法权运作规律以及我国现行民事诉讼法的相关规定。[5]冯伟、舒秋膂认为,"诉调对接"应该实现办公场所、工作人员、日常管理、调解成果四个方面的对接。司法审查和强制执行构成"诉调对接"的核心保障。[6]毋爱斌认为,法院附设人民调解拓展了人民调解的功能,使得诉与非诉在对接上变得更为直接和灵活,是司法 ADR 在中国实践的开始。[7]唐力、毋爱斌认为,法院主导型诉前调解模式应当成为我国诉前调解制度化的基本走向。[8]

4. 多元化纠纷解决的域外经验

范愉认为,世界各国和地区越来越多地在特定类型的纠纷处理中建立强

---

[1] 参见洪冬英:"论调解协议效力的司法审查",载《法学家》2012 年第 2 期。

[2] 参见刘敏:"人民调解制度的创新与发展",载《法学杂志》2012 第 3 期。

[3] 参见张文亮:"对构建多元化纠纷解决机制的几点思考",载《山东审判》2015 年第 4 期。

[4] 参见傅郁林:"'诉前调解'与法院的角色",载《法律适用》2009 年第 4 期。

[5] 参见赵钢:"'能动司法'之正确理解与科学践行——以民事司法为视角的解析",载《法学评论》2011 年第 2 期。

[6] 参见冯伟、舒秋膂:"'诉调对接'的理论透视及制度建构——司法救济与社会救济的互补性研究",载《中南大学学报(社会科学版)》2008 年第 1 期。

[7] 参见毋爱斌:"法院附设型人民调解及其运作——以'人民调解工作室'为中心的考察",载《当代法学》2012 年第 2 期。

[8] 参见唐力、毋爱斌:"法院附设诉前调解的实践与模式选择——司法 ADR 在中国的兴起",载《学海》2012 年第 4 期。

制调解程序。[1]张泽涛、肖振国认为,德国《调解法》对于完善《中华人民共和国人民调解法》的启示在于:①规定了调解员以及调解参与人的公开与保密义务,确立了案件的信息处理规则;②规定了调解员的任职资格以及培训机制;③减少司法确认或司法审查,以强化调解协议的可执行性。[2]谢国儿、齐凯悦认为,英国自2011年实行家事审判改革以来,通过调解信息评估会议的强制适用、扩大调解机制的适用范围等方式推动调解机制的发展,以解决家事司法系统中存在的案件拖延等问题。英国的相关探索可在一定程度上为我国提供启示。适用调解信息评估会议或进行相关探索,进一步明确调解的目的,推动多元调解机制的构建和家事调解的专业化、职业化建设等实际上可以成为我国家事调解的发展方向或改革的有效路径。[3]

5. 强制调解程序构建

王阁认为,我国有必要在小额诉讼中引入诉前强制调解制度,将调解设置为启动小额诉讼的前置程序。[4]李昌超、詹亮认为,在多元化纠纷解决机制改革的背景下,可从运行机制、管理机制及保障机制等方面对强制调解制度进行合理且具体的程序设计。[5]梁蕾认为,修订后的《中华人民共和国民事诉讼法》新增了先行调解制度,作为诉与非诉相结合的多元化纠纷解决机制,它已经具备冲破"合意方能调解"思维的束缚而创设强制诉前调解模式的迹象。[6]周永坤认为,东方发达的调解制度是人治社会的一部分,它不是先进文化,改革开放以后判决的短期走强是社会法治冲动的产物。强制性调解构成对法治基本价值的损害。[7]闫庆霞认为,调解前置制度的设置实际上

---

[1] 参见范愉:"当代世界多元化纠纷解决机制的发展与启示",载《中国应用法学》2017年第3期。

[2] 参见张泽涛、肖振国:"德国《调解法》述评及其启示",载《法学评论》2013年第1期。

[3] 参见谢国儿、齐凯悦:"论英国家事审判改革中调解机制对我国的启示",载《青少年犯罪问题》2018年第5期。

[4] 参见王阁:"小额诉讼中诉前强制调解的建构",载《郑州大学学报(哲学社会科学版)》2015年第5期。

[5] 参见李昌超、詹亮:"强制调解制度的理论证成及制度实现",载《理论导刊》2018年第11期。

[6] 参见梁蕾:"强制先行调解之理性分析——冲破'合意方能调解'的思维束缚",载《山东审判》2016年第6期。

[7] 参见周永坤:"论强制性调解对法治和公平的冲击",载《法律科学(西北政法学院学报)》2007年第3期。

是对纠纷当事人程序选择权（纠纷解决方式选择权）的一种限制。立法是否设置调解前置，在什么范围内设置调解前置，体现了立法在对自由价值和效率价值进行衡平之后的结果。我国尚不具备实行人民调解前置的条件，而且该制度的实施也缺乏必要性。[1]

三、研究思路和研究方法

（一）研究思路

十八届三中全会明确提出各种市场主体平等使用生产要素、公平参与市场竞争的要求。在国家战略的指导下，笔者首先介绍了我国页岩气矿业权分配的现状，指出市场竞争不足是现阶段矿业权不公平分配的典型表现，继而分析矿业权不公平分配的不利影响，探讨不公平分配的原因，并就如何实现公平分配提出制度设计方案。

笔者认为，缺乏市场分配是导致页岩气矿业权分配不公的主要原因，市场主导分配成为矿业权公平分配的必由之路。公平分配首先要求分配过程的公平竞争，其次追求分配结果的相对平等，矿业权公平分配的实质是通过市场竞争取得矿业权，发挥市场在资源配置中的决定作用。页岩气矿业权公平分配的法律制度设计应以构建竞争性市场为核心，围绕还原产权属性、健全出让市场、追求资本优先、限制政府权力、践行经济自由进行。

（二）研究方法

1. SSP 分析范式

本书从页岩气作为物的属性出发，借助 SSP 分析范式，将页岩气资源储量和技术水平设定为既定状态，比较在政府分配矿业权的制度安排与市场分配矿业权的制度安排下，制度绩效的差异，试图为制度选择提供建议。通过比较分析可以看出，相对于政府，市场主导的矿业权分配模式不仅能够提升能源效率，而且利于践行公平，理应成为矿业权分配制度设计的未来方向。

2. 国外经验借鉴和比较研究

页岩气革命在美国已经进行多年，美国的发展经验和制度设计对我国产

---

[1] 参见闫庆霞："人民调解前置制度之反思——以民事程序选择权为讨论的出发点"，载《法学家》2007 年第 3 期。

业转型和理论研究具有重要借鉴意义。需要注意的是，借鉴美国经验必须首先进行比较制度研究，这种比较并非止步于比较中美制度结构和制度绩效的不同，还要深入分析造成中美制度差异的政治、经济、文化、技术原因，以避免盲目进行制度移植带来水土不服问题。

3. 国内调研和实证研究

通过考察、调查、访谈等方式，深入了解国内页岩气产业的发展现状、突出问题、制度需求，以提高本书制度设计方案的针对性，使其更具现实意义。为此，笔者深入立法机关、政府部门、企业单位、科研机构进行调研，收集并整理资料，逐步形成研究思路，提出解决方案，在实证研究的基础上开展理论研究。

4. 多学科研讨和系统整合研究

本书涉及法学、政治学、经济学等学科，在研究具体问题时，笔者综合运用不同学科的知识和理论，从政治、经济、法律等不同维度剖析制度变迁和制度形成的状态因素，分析现行制度结构的缺陷，明确问题，形成思路。

四、创新观点及不足之处

（一）主要创新点

1. 研究内容方面的创新

十八届三中全会提出了实现公平分配的目标，资源公平分配在法律上体现为权利公平分配。笔者认为以经济自由为核心的市场机制，不仅是提升能源效率或经济效率的有效途径，而且是实现页岩气矿业权公平分配的路径依赖。公平分配首先应该确保分配过程的公平竞争，其次需要考虑分配结果的相对平等。据此，法律制度设计的目标应该是在矿业权分配环节建立市场竞争机制，使得国有企业和民营企业都能公平地参与矿业权竞争。本书的主要观点包括：

第一，现阶段矿业权不公平分配集中体现为市场竞争不足，抑制企业创新，这已经成为我国页岩气市场发展的瓶颈。因此，必须引入市场竞争，实现矿业权公平分配，才能促进中下游有效竞争，激励企业创新，提升能源效率。

第二，矿业权不公平分配的根源在于缺乏以市场为主导的分配机制，存在行政垄断以及行业壁垒。

第三，市场竞争是更为公平的制度安排。一方面，竞争出让制度有助于提升能源效率，增加能源供给，满足消费需求，践行差别原则；另一方面，竞争交易制度有助于彰显资源价值，推动有偿使用，促进租金共享，实现国家所有权。

第四，公平分配就是要在矿业权分配环节构建竞争性市场。尽管审批和登记都是行政许可的方式，但二者对产权的羁束力不同，《矿产资源法》应该变矿业权审批取得为登记取得，解除行政权力对财产权的羁束，还原矿业权的财产权属性，为建立竞争市场提供条件。

第五，竞争出让制度构成矿业权竞争性市场的制度基础。笔者认为应该重建矿业权出让主体，设立独立的商事主体如国有矿产资源经营管理公司，专门负责矿业权的出让，不得参与其他经营活动。此外，还应该统一受让人资质条件、规范矿业权评估行为、建立矿业权信息平台。

第六，机会公平是公平分配的重要组成部分。机会公平不仅强调形式平等，保障不同所有制主体参与竞争的平等身份，对国有企业和民营企业规定相同的准入条件；而且追求实质公平，通过机会不平等去扩展机会较少者的机会，赋予民营资本在同等条件下取得矿业权的优先权。

第七，政府应该变资源管理为市场监管和宏观调控，打击不当竞争，维护生产安全，推动环境保护，引导产业发展。政府权力退出矿业权分配，有助于遏制利益集团的寻租行为，推动立法活动的公平参与，促进法律制度的公平设计。

第八，经济自由构成市场机制的效率源泉，立法应保障经济自由以践行差别原则。《宪法》应该将经济自由作为基本权利，明确经济自由的限制条件。《矿产资源法》应该允许矿业权的自由转让，规范矿业权的收回情形。

第九，矿业制度变迁引发产业矛盾变化，使得行政调解无力应对新型纠纷，亟待转型。要注重矿业市场制度构建，降低转型成本，引导调解市场化转型方向；加快矿业管理制度变革，提高转型收益，推动调解市场化转型进程。法律制度设计应以激励调解组织市场竞争为核心，围绕完善市场准入、维持竞争秩序、规范诉调对接、明确收费标准等展开。

2. 研究方法方面的创新

本书从页岩气作为物的属性出发，借助 SSP 分析范式，将页岩气资源储量和技术水平设定为既定状态，比较在政府分配矿业权的制度安排与市场分配矿业权的制度安排下，制度绩效的差异，试图为制度选择提供建议。通过比较分析可以看出，相对于政府，市场主导的矿业权分配模式不仅能够提升能源效率，而且利于践行公平，理应成为矿业权分配制度设计的未来方向。

（二）不足之处

尽管笔者精心建构本书框架，不断完善文章内容，但值完成之际，仔细品读，觉得本书主要观点仍有深入推敲之必要，制度设计方案尚有继续完善之可能。对此，笔者颇感遗憾，究其原因，大抵可概括为两个方面：

一是本书研究主题实质上是资源分配问题。资源分配是多学科的研究对象，并且没有一个公认或成熟的理论范式，研究方法与研究侧重因学科迥异。笔者仅能从矿业权分配的角度分析现有制度绩效，提出制度设计方案，力图成一家之言，不敢妄想在一书中涵盖所有学科的所有理论，因此本书提出的主要观点存在一定的争议性，在所难免。

二是造成我国矿业权不公平分配的原因，不仅有法律制度层面的缺陷，而且有计划经济体制的沉疴。因此，要想实现矿业权公平分配的目标，不仅需要依赖法律制度的革命，而且需要借力经济体制的转型。

页岩气产业发展呼唤矿业权公平分配

第一节 矿业权分配不公阻碍市场竞争

一、矿业权本质是财产权利

(一) 矿业权的学理界定

1. 矿业权的定义

关于矿业权的定义,学者们众说纷纭。

肖国兴教授认为,矿业权是非土地所有权人或非矿产资源所有权人经政府许可登记在特定区块或矿区勘探或开采矿产资源并获得地质资料(有开采价值或商业价值的资料包及矿物标本等)或矿物及其他伴生矿的权利。[1]

王利明教授认为,"矿业权是通过行政许可而产生的物权"。[2]

梁慧星教授认为,矿业权是"特别法上的物权,是公民、法人经过行政特别许可而享有的可以从事某种国有自然资源开发或作为某种特定利用的权利,如取水权、采矿权、养殖权等"。[3]

崔建远教授认为矿业权可以被定义为:国有矿山企业、集体矿山企业以及个体采矿者等主体,依照法定程序在已经登记的特定矿区或工作区内勘探、

---

〔1〕参见肖国兴、肖乾刚:《自然资源法》,法律出版社1999年版,第322页。
〔2〕王利明:《中国物权法草案建议稿及说明》,中国法制出版社2001年版,第90页。
〔3〕梁慧星:《中国物权法研究》,法律出版社1998年版,第662页。

开采一定的国有矿产资源，取得矿产品，并排除他人干涉的权利。[1]这一定义也得到了李显冬教授的认同。[2]

相比之下，笔者更加赞同肖国兴教授对矿业权的定义，该定义指出了政府行为在矿业权设定中的重要作用，矿业权是经政府行政许可而产生的权利。根据《中华人民共和国行政许可法》（以下简称《行政许可法》）以及相关法律法规规定，行政许可的方式包括审批、登记等，不同方式的行政许可对产权的羁束力不同。

2. 矿业权的性质

关于矿业权的性质，我国学者大都认定为准物权，但对准物权的不同理解，导致学者们的观点大相径庭。

肖国兴教授认为，矿业权是准物权，具有物权性质，可以将其"视为物权"，但是准物权并不是物权，将矿业权定位到他物权是不妥的。他物权的基本特征是用益而不是消耗财产，而矿业权是在不断消耗矿产资源过程中处分矿产资源，因此矿业权不是他物权。[3]陈华彬教授认为，"矿业权是特别法上的权利。"[4]王克稳教授认为，探矿权、采矿权是经过政府行政特许取得的权利，属于自然资源特许使用权的范围。[5]

崔建远教授同样将矿业权定位为准物权，但是他认为准物权仍属于物权，矿业权存在于他人所有的矿产资源之上，因而是他物权的一种。

同样，李显冬教授认为，"矿业权是限制物权中的准物权"，将矿业权作为限制物权或他物权的一种。[6]

黄锡生教授认为，"矿产资源用益物权是指在矿产资源勘查和开发中，探矿人和采矿人依法享有的对他人所有的'物'之占有、使用、收益的权利"，[7]将探矿权和采矿权均作为用益物权。

---

[1] 参见崔建远：《准物权研究》，法律出版社2012年版，第237页。
[2] 参见李显冬：《中国矿业立法研究》，中国人民公安大学出版社2006年版，第48页。
[3] 参见肖国兴、肖乾刚：《自然资源法》，法律出版社1999年版，第322~334页。
[4] 梁慧星、陈华彬：《物权法》，法律出版社2004年版，第87页。
[5] 参见王克稳：《行政许可中特许权的物权属性与制度构建研究》，法律出版社2015年版，第111页。
[6] 参见李显冬：《中国矿业立法研究》，中国人民公安大学出版社2006年版，第51页。
[7] 黄锡生：《自然资源物权法律制度研究》，重庆大学出版社2012年版，第181页。

（二）矿业权的法律界定

我国《矿产资源法》未对矿业权进行明确界定。[1]《中华人民共和国矿产资源法实施细则》对探矿权和采矿权进行了明确规定，但未使用矿业权的概念。[2]《矿业权出让转让管理暂行规定》明确将矿业权定性为财产权。[3] 2007年出台的《物权法》将探矿权、采矿权置于"用益物权"一章加以规定，肯定了矿业权的用益物权性质。[4] 但是，在大陆法系国家的立法中，通常将矿业权作为特许物权，通过特别法加以规范，将其放在民法典中加以规定的并不多见。正因如此，在《物权法》立法过程中，民法学界争议很大，立法机关的立场也屡经更迭。[5]

（三）矿业权财产权属性

无论是将矿业权定位为特别法上的物权，还是限制物权中的用益物权，都不影响矿业权的财产权属性，矿业权是一项财产权。财产权，即产权，是经济学上使用的概念，具有代表性的产权定义有："产权是指使自己或他人受益或受损的权利，产权界定人们如何受益及如何受损，因而谁必须向谁提供补偿以使他修正人们所采取的行动。"[6] "产权本质上是一种排他性权利，国家可视为在暴力方面具有比较优势的组织处于界定和行使产权的地位。"[7]

---

[1]《矿产资源法》第3条第3款规定，"勘查矿产资源，必须依法登记。开采矿产资源，必须依法申请取得采矿权。国家保护合法的探矿权和采矿权不受侵犯，保障矿区和勘查作业区的生产秩序、工作秩序不受影响和破坏"，并未明确界定探矿权、采矿权的含义。

[2]《中华人民共和国矿产资源法实施细则》第6条第1款、第2款规定："探矿权，是指在依法取得勘查许可证规定的范围内，勘查矿产资源的权利。取得勘查许可证的单位或者个人称为探矿权人。""采矿权，是指在依法取得的采矿许可证规定的范围内，开采矿产资源和获得所开采的矿产品的权利。取得采矿许可证的单位或者个人称为采矿权人。"

[3]《矿业权出让转让管理暂行规定》第3条规定："探矿权、采矿权为财产权，统称为矿业权，适用于不动产法律法规的调整原则。依法取得矿业权的自然人、法人或其他经济组织称为矿业权人。"

[4]《物权法》第123条规定："依法取得的探矿权、采矿权、取水权和使用水域、滩涂从事养殖、捕捞的权利受法律保护。"

[5] 参见江平：《中国物权法教程》，知识产权出版社2007年版，第391页。

[6]〔德〕哈罗德·德姆赛茨："关于产权的理论"，载〔美〕R. 科斯等：《财产权利与制度变迁》，刘守英译，上海三联书店2014年版，第71页。

[7]〔美〕道格拉斯·C. 诺思：《经济史中的结构和变迁》，陈郁、罗华平等译，上海三联书店1994年版，第21页。

第一章 页岩气产业发展呼唤矿业权公平分配

"产权是一个社会强制实施的选择一种经济品的使用权利"。[1]

经济学的产权概念相对宽泛，包括法学中的物权、债权、知识产权等权利。法学理论研究主要从物权特别是所有权的角度适用产权概念，具有代表性的定义如"财产权是指存在于任何之中或之上的完全权利，它包括占有权、使用权、出借权、转让权、消费权和其他与财产有关的权利"。[2]尽管适用范围存在差异，但经济学的产权与法学的所有权都强调权利人对物享有支配并排他的权利，权利人可以凭借这种权利获得利益。[3]换句话说，如果某项权利符合上述特征，那么就应该被视为一项财产权利。矿业权人在授权的特定期限内，无需他人协助即可独立支配特定矿区或区块内的矿产资源，通过勘探或开采活动，获得地质资料或矿产品，排除他人、包括授权的政府部门对其行使权利的非法干涉。由此可见，矿业权符合财产权利的基本特征，应该归属于财产权利。

作为一项产权，矿业权的分配应该以降低交易成本、追求经济效率为目标。诺思和托马斯通过考察欧洲中世纪的发展历史后提出，有效率的产权制度是经济增长和国家兴旺的根本原因，创新、教育、规模经济、资本积累等只是经济增长本身，或者说经济增长的结果。[4]那么什么样的产权制度才是有效率的呢？这首先要考察产权促进经济增长的形式。

产权发挥作用的形式是提供激励，促使人们将外部成本内化。[5]产权不清易带来外部性问题凸显、效率低下的弊病，我国自然资源国家所有权即属于此类，因此立法者才设计了矿业权制度，希望通过清晰界定产权，促进产权流转和资源优化配置。但清晰界定的产权未必是高效的，产权的分配、特别是初始分配才是产权效率的决定性因素。根据科斯定理，如果没有交易成本，那么产权分配对经济效率并无影响，无论产权的初始分配如何，人们都可以通过协商和交易，使得产权流转至最高评价方，从而实现资源优化；然

---

[1] [美]阿曼·A.阿尔钦："产权：一个经典注释"，载[美]R.科斯等：《财产权利与制度变迁》，刘守英译，上海三联书店2014年版，第121页。

[2] [英]戴维·M.沃克：《牛津法律大辞典》，光明日报出版社1988年版，第729页。

[3] 参见肖国兴、肖乾刚：《自然资源法》，法律出版社1999年版，第64页。

[4] 参见[美]道格拉斯·C.诺思、罗伯特·托马斯：《西方世界的兴起》，厉以平、蔡磊译，华夏出版社1999年版，第7页。

[5] 参见[德]哈罗德·德姆赛茨："关于产权的理论"，载[美]R.科斯等：《财产权利与制度变迁》，刘守英译，上海三联书店2014年版，第71页。

而，在交易成本为正的现实世界中，产权的初始分配对于经济运行效率就具有至关重要的影响。[1]

矿业权制度的设计者应该力求降低交易成本，促进矿业权的市场交易，通过市场竞争使得矿业权能够配置给对其评价最高的市场主体，也就是能够最高效地进行资源开采或生产经营的企业，在追求效率的过程中实现社会的公平正义。

二、财产分配高效即为公平

笔者认为，矿业权公平分配首先要求分配过程的公平竞争，其次追求分配结果的相对平等。通过公平竞争来提升产权效率，凭借产权效率来实现实质公平。矿业权分配的公平与效率是辩证统一的。

如果将矿业权定性为财产权，那么就应该将矿业权分配的目标确定为追求产权效率。有效率的矿业权分配制度不仅能够激励经济发展，而且能够推进社会公平。换句话说，矿业权分配的高效即为公平，罗尔斯的差别原则为矿业权效率与公平搭建了桥梁。

差别原则是罗尔斯正义论的基本原则之一，该原则的主旨是追求实质公平而非形式平等。根据差别原则，如果一项制度安排能够改善"最不利者"的境况或者能够提高社会底层人群的生活水平，那么这项制度即使在形式上是不平等的，也是符合实质正义要求的，是一项公平的制度安排。罗尔斯在《正义论》中提出正义的概念以及正义的两大基本原则：第一原则要求平等分配基本权利和义务；第二原则规定只有当社会的不平等能够提升"最不利者"的境况时，这种不平等才是被允许的。正义的第二原则中就包含了差别原则的要义。对差别原则的形象描述就是力图将蛋糕做大，而不是专注于分配现有蛋糕。

依据差别原则可以对矿业权分配公平与效率的关系进行解读：一方面，分配高效即为公平。如果矿业权的分配有助于增加页岩气供给，满足社会消费需求，那么这种分配制度就是符合差别原则的，是一种公平的制度安排。只有能够提升能源效率的分配制度才能在长期内增加页岩气供给，践行差别

---

[1] 参见［美］罗伯特·D.考特、托马斯·S.尤伦：《法和经济学》，施少华、姜建强译，上海三联书店2010年版，第76页。

原则，因此矿业权分配的高效即为公平。分配制度设计应该着眼于通过提升效率来增进公平，而不是一味探讨何者拥有矿业权更为公平。另一方面，效率的实现必须以公平为前提。[1]想要实现能源效率提升的目标，就要打破行业壁垒，赋予各种所有制企业公平参与矿业权分配的机会，优先确保分配过程的公平竞争，进而依靠矿业权的市场竞争，优化资源配置，提升能源效率。

三、分配不公拖累有效竞争

（一）页岩气产业的发展现状

逝者如斯，中国的页岩气开发从 2005 年启动，至今已经 10 余年。[2]期间既有 2012 年的热情高涨，也有此后的偃旗息鼓。

2011 年 12 月经国务院批准，国土资源部将页岩气作为独立矿种，这意味着页岩气和煤层气一样摆脱了石油天然气专属开发的限制，使得页岩气的开发、转让、融资等都得到了极大的便利。此后，国土资源部于 2011 年和 2012 年举行两轮页岩气探矿权招标试点，初步放开页岩气上游市场，将企业的参与热情推向顶点。与此同时，美国页岩气革命走向高潮，成为各国能源转型的风向标，[3]国土资源部适时发布资源公报，宣称中国页岩气资源潜力超过美国，为我国页岩气开发注入强心剂。美国的成功案例和我国的丰富储量，无不令国人对中国页岩气产业信心满满。然而，期待中的"革命"并没能在中国如期出现，第二轮招标结束后，由于地质条件复杂、核心技术缺失等原因，许多中标企业"圈而不探"，导致页岩气产业发展止步不前。

不过，在国家政策的大力扶持下，2014 年以来，我国页岩气产业多点开花，不断取得突破，其中涪陵页岩气区块的商业化开发举世瞩目。2014 年 3 月，中石化宣布涪陵页岩气田进入商业化开发阶段，使得我国成为除北美以外第一个实现页岩气商业化开发的国家；2015 年 9 月，经国土资源部审定，

---

[1] 参见肖国兴："能源发展转型与《能源法》的制度抉择——纪念《法学》复刊 30 周年·名家论坛（八）"，载《法学》2011 年第 12 期。

[2] 参见程宇婕："页岩气'十二五'：突破与问题"，载《中国能源报》2015 年 12 月 14 日，第 3 版。

[3] 参见程宇婕："页岩气'十二五'：突破与问题"，载《中国能源报》2015 年 12 月 14 日，第 3 版。

涪陵页岩气田已成为全球除北美之外最大的页岩气田。[1]除了涪陵之外，2015 年 2 月，内蒙古鄂尔多斯市境内的页岩气勘探取得突破，为北方地区的页岩气开发提供了前提条件；2015 年 10 月，我国陆相页岩气无水压裂技术实施成功，为缺水地区的页岩气开发提供了技术支撑；截至 2015 年 10 月，全国已经探明页岩气储量约 5300 亿立方米，已建成页岩气开发井 200 余口，产气量约 24 亿立方米。[2]

（二）国企与民企非对称竞争

取得突破之后应该进行冷静思考，涪陵页岩气开发的成功固然与国家政策扶持、中石化的不懈努力密切相关，但优质的矿业权区块才是更具决定性的因素。页岩气产业属于资源密集型产业，该产业的特殊性首先表现为，在上游勘探开采环节的竞争中，具备资源优势的企业往往处于竞争优势地位。由于页岩气资源具有稀缺性、竞争性和排他性，企业占据了条件优越的矿区、储量丰富的资源，就可以以更低的成本进行开采；页岩气产业前期投资巨大，需要进行风险勘探，产气率不足 50%，属于风险投资，优质的矿业权区块可以有效降低企业风险，缩短投资回收期。中石化所拥有的涪陵国家级页岩气示范区位于重庆市涪陵区，西、北临长江，南跨乌江，东至矿业权边界，属于山地—丘陵地貌，地面海拔 300 米～1000 米，是我国现有的质量最高的页岩气区块。礁石坝页岩区块是中石化取得的第二个页岩气矿业权，该区块集中了几乎所有有利条件，页岩气厚度大，脆性高，孔隙度大，压力系数高，2250 米～3000 米埋深；游离气占 90%，吸附气占 10%；储层好，且位于路边江边，交通便利，濒临长江，水资源丰富等。涪陵页岩气矿业权是中石化通过第一轮矿业权招标取得的，第一轮招标仅面向国有企业，民营企业无法参与竞标。尽管民营企业也希望进军上游勘探开采业务，但与国有企业相比，民营企业在矿业权区块的数量、面积、位置上均处于绝对劣势。数量上，截至 2014 年底，我国共设置页岩气探矿权 54 个，民营企业仅拥有其中 2 个，其他均为国有企业所掌握；面积上，民营企业的 2 个区块总面积约 2200 平方公

---

[1] 参见程宇婕："经历了大起大落的页岩气，'十三五'到底怎么办？"，载 http://www.managershare.com/post/224694，最后访问日期：2016 年 11 月 5 日。

[2] 参见程宇婕："经历了大起大落的页岩气，'十三五'到底怎么办？"，载 http://www.managershare.com/post/224694，最后访问日期：2016 年 11 月 5 日。

里，尚不到涪陵区块的1/2（涪陵区块总面积约为7307平方公里）；位置上，民营企业的2个区块都是通过二轮招标取得的，而国土资源部在组织二轮招标时刻意回避与国有企业重叠的主体区块，仅出让空白区块，换句话说，民营企业掌握的区块均不属于核心区块。由此可见，页岩气产业发展伊始，矿业权的分配不公就使得民营企业在上游勘探开采环节的竞争中处于劣势，这也不难理解为什么民营企业在取得矿业权后进展缓慢，甚至只完成了二维地震野外采集工作。

更重要的是，上游勘探开采环节在页岩气产业链中居于核心地位，矿业权的分配不公不仅会造成上游的不公平竞争，而且会阻碍产业链中下游的有效竞争。国有企业可以利用矿业权优势建构竞争优势，并将这种竞争优势传导至中下游，使得民营企业与国有企业处于"非对称竞争"的状态。[1]由于页岩气产业链上下游价值分布不均，上游盈利高，下游盈利低，上游环节对油气公司竞争力的影响远高于下游环节，在上游环节具有比较优势的公司在同业竞争中具有显著竞争优势，[2]这也正是中石化发力页岩气产业，斥巨资进行风险勘探的重要原因，中石化就是希望借助页岩气开发进军产业链上游，同集中于上游环节的中石油展开竞争。由于上游页岩气产品构成下游燃气、炼化、发电、运输企业的原料或动力，直接影响下游企业的成本，在国际天然气价格上涨的情况下，国有企业控制的中下游企业通过一体化就拥有了绝对成本优势和对高气价更为持久的忍耐力。以下游炼化企业为例，一方面，国有企业可以向其下属炼化企业提供低成本的国产页岩气作为原料，而非一体化的炼化企业则要按照国际价格购买天然气进行生产，忍受高涨的成本，在天然气需求旺盛时，从事一体化经营的两大集团公司往往将生产的页岩气优先供应给本集团所属炼化企业，却对非一体化企业的供气需求视而不见，导致后者开工率低下，不仅无法把握市场机会，而且可能承担巨额损失；另一方面，天然气价格高涨也带来了页岩气勘探及开采环节的高利润，当国际气价高涨，炼化环节出现亏损时，一体化经营的国有企业可以利用上游利润来弥补炼化环节的亏损，使得炼化企业能够在亏损的情况下持续经营，相比

---

[1] 参见刘瑞明、石磊："上游垄断、非对称竞争与社会福利——兼论大中型国有企业利润的性质"，载《经济研究》2011年第12期。

[2] 2002~2008年间，中石油的利润总额都远高于中石化，是中石化利润额的2倍以上。

之下，其他炼化企业由于生产成本剧增，被迫降低开工率，甚至无奈破产，退出市场。国有企业在炼化环节的竞争优势还可以进一步传导至下游的零售环节，表现为对页岩气气源的控制和上游高盈利对零售市场亏损的弥补。凭借矿业权优势，国有企业控制了绝大部分的页岩气产量，当零售环节价格较低并出现亏损时，国有企业的亏损可由生产环节的盈利来弥补，从而增强其在零售环节的抗风险能力，帮助下游销售终端持续经营，维持国有企业在零售市场的优势地位。

四、公平分配成就产权效率

（一）引入有效竞争

页岩气产业的发展是我国能源转型的重要领域和试验基地，理应以能源效率的提升作为主要目标。由计划经济体制向市场经济体制转型，建立并完善社会主义市场经济体制是中国经济腾飞的基本路径依赖。[1]这一制度变迁过程的着眼点是实现市场在资源配置中的决定作用，提高资源配置效率，尽可能有效地利用稀缺资源满足社会需要，使社会生产达到或接近可能性边界。[2]但是中国经济的市场化转型还远未完成，[3]许多市场经济所必须的制度尚未建立，其中能源产业即是中国亟待实现由计划经济向市场经济转型的重要领域。作为中国经济的支柱性产业和"源动力"，能源产业的转型步伐显著滞后于整体经济发展，转型过程单纯强调投入和产出总量的提高、国有企业规模的扩张、可再生能源的替代，却忽略了能源效率的提升。研究表明，效率低下才是制约我国能源产业发展的主要瓶颈。能源效率低下的根本原因在于市场化转型滞后所导致的市场机制不健全，集中表现为粗放型经济发展

---

[1] 参见肖国兴："能源发展转型与《能源法》的制度抉择——纪念《法学》复刊30周年·名家论坛（八）"，载《法学》2011年第12期。

[2] 参见［美］保罗·萨缪尔森、威廉·诺德豪斯：《微观经济学》，萧琛译，人民邮电出版社2004年版，第10页。

[3] 美国传统基金会和《华尔街日报》于2013年联合发布的《经济自由指数报告》（Index of Economic Freedom）显示，中国大陆为"基本不自由经济体"（mostly unfree）。参见张环宇："经济自由度排名，香港居首中国内地136位"，载 http://economy.caixin.com/2013-01-11/100481681.html，最后访问日期：2016年11月5日，转引自邹东涛主编：《发展和改革蓝皮书：中国完善社会主义市场经济体制10年（2003~2013）》，社会科学文献出版社2013年版，第9页。

方式的积重难返，以及行政权力对市场的过度管控。[1]事实上，无论是化石能源的清洁利用还是清洁能源的开发，最终都必须落实到能源效率的提升上，才有可能形成企业或国家的核心竞争力，变政策扶持的"能源公益性事业"为内生发展的能源产业。因此，在现有技术的约束下，通过市场化转型提升能源效率，是保证能源供给、降低对外依赖、保障能源安全的关键环节，理应成为中国能源发展转型的核心战略目标和绩效评价指标。[2]

能源效率源于产权效率，而产权效率是多元产权主体在竞争性市场上进行博弈的绩效，[3]在页岩气产业发展过程中，要实现提升能源效率的目标，就必须从上游切割利益链，通过矿业权的公平分配为竞争性市场的构建提供条件。竞争机制是激发市场活力、提升能源效率的重要枢纽，只有在有效竞争的市场环境中，经营者才会自觉采用效率最高的生产技术，降低生产成本，以应对竞争压力并获取最大利润。页岩气探矿权招标的初衷，正是希望在产业链上游勘探开采环节建立竞争性市场，通过有效竞争提升能源效率。曾有专家指出，竞争性市场的构建可以通过拆分国有企业来实现，但是国有企业作为中国能源发展的中流砥柱和社会资本，承担淘汰落后产能、提升竞争力、参与世界油气资源分配的重任，对于萌芽阶段的页岩气产业来说意义重大，中石化涪陵页岩区块的成功就是对这一论断的最好证明。既然国有企业非但不能瓦解或拆分，还应该加强其产业组织主体能力建设，那么民营资本的规模投资就成为构建多元竞争性市场的现实路径。[4]根据国际转型经验及中国转型实践，中国经济成功的关键就是在国有经济部门之外创造了一个充满活力的非国有经济部门，[5]页岩气产业发展的契机正是在国家垄断中引入民营

---

[1] 参见吴敬琏："改革需要顶层设计"，载吴敬琏等：《变局与突破：解读中国经济转型》，外文出版社2012年版，第6页。

[2] 如英国将竞争的能源市场作为其能源安全的评价指标，EU和WEC将能源利用效率纳入其能源安全的评价体系。参见周伏秋："国际能源评价指标体系及其对我国的启示"，载《中国能源》2006年第11期。转引自谷树忠等：《中国资源报告——新时期中国资源安全透视》，商务印书馆2010年版，第152页。

[3] 参见肖国兴："能源发展转型与《能源法》的制度抉择——纪念《法学》复刊30周年·名家论坛（八）"，载《法学》2011年第12期。

[4] 参见肖国兴："能源发展与《能源法》的制度抉择——纪念《法学》复刊30周年·名家论坛（八）"，载《法学》2011年第12期。

[5] 参见［美］约瑟夫·斯蒂格利茨：《发展与发展政策》，纪沫等译，中国金融出版社2009年版，第268页。

资本并展开竞争。[1]民营资本规模进入的目的并非替代国有资本,亦非削弱国有经济影响力,而是构建竞争性的外部制度环境,使得国有企业与民营企业之间既有合作,又有竞争,从而形成双赢格局。[2]

(二) 有效竞争需要产权激励

页岩气产业的发展,以提升能源效率为核心、以有效市场竞争为动力,必须依靠激励机制来激发企业,尤其是民营企业的投资热情。投资构成页岩气产业发展的主要驱动力量,[3]尽管政府投资金额巨大,但仍然无法弥补页岩气产业发展的资本缺口,必须通过制度设计激励更多社会资本投资页岩气产业,增强产业竞争力,降低产业风险,为产业发展带来活力。

我国现有的激励模式更加偏爱财政激励,却忽略了产权激励的作用。2015年4月,财政部联合国家能源局宣布,2016~2020年中央财政将继续对页岩气开采企业提供补贴。[4]不可否认,在产业发展初期,财政补贴对于开采成本较高、开采风险较大、在价格上缺乏竞争力的页岩气产业意义重大,有助于降低风险和相对价格,提升页岩气资源的市场竞争力,促成投资集聚,为产业发展带来机会。[5]但随着产业的发展,财政激励的弊病也会逐步显现,主要体现在以下几个方面:第一,与市场竞争所取得的收益不同,以财政补贴为代表的财政激励具有零风险的特点,往往成为产业和企业的首选,然而正是因为缺乏竞争过程,财政激励的授予难以确保公平。例如,页岩气补贴主要由已经实现量产的两大石油公司享用,很多进展缓慢的公司无法获得补贴。[6]第二,作为一种公共物品,财政激励的供给通常由政府决定,取决于政府选择,同时财政激励也为政府设租、寻租提供了条件,易造成权力腐败和财政资源浪费,妨碍页岩气市场发育。第三,财政激励容易使企业养成对政府的依赖,在政府授予补贴时投资、取消补贴时撤资,由于政府倾向依其

---

[1] 参见[德]魏伯乐等:《私有化的局限》,王小卫等译,上海三联书店2006年版,第8页。

[2] 参见厉以宁:《中国经济双重转型之路》,中国人民大学出版社2013年版,第4页。

[3] 参见肖国兴:"可再生能源发展的法律路径",载《中州学刊》2012年第5期。

[4] 参见马芸菲:"页岩气补贴降低:早日'断奶'为市场化铺路",载《中国经济导报》2015年5月9日,第B02版。

[5] [美]约瑟夫·E.斯蒂格利茨:《公共部门经济学》,郭庆旺等译,中国人民大学出版社2005年版,第24~34页。

[6] 参见舟丹:"我国页岩气补贴未来5年将减半",载《中外能源》2016年第1期。

财政利益而定，[1]财政激励本身具有较高的易变性，从财政补贴中食利的页岩气产业难以维持均衡和可持续的发展。

财政激励有限，产权激励无限。财政补贴囿于短期性的特点，无法成为长效的激励机制，[2]只有有效率的产权制度，才能提供持久的利益激励，推动页岩气开发成为有利可图的盈利性产业而非坐享补贴的公益性事业。[3]产权的核心是保证努力与报酬成正比，产权激励就是投资激励和交易激励。一方面，只有实现矿业权的公平分配，引入市场竞争，改变国企与民企非对称竞争的格局，才有可能吸引民营资本的规模投资，建立有效竞争的市场环境，使民营企业通过市场活动而非寻租活动获得竞争优势和竞争利润。另一方面，只有实现矿业权的公平保护，在矿业权的有效期间内尊重其绝对效力，排除包括政府在内的任何人对矿业权的侵夺，才能打消矿业权人的顾虑，促使其进行风险勘探，培育页岩气市场的投资者而非食利财政补贴的投机者。此外，产权激励伴随着产权约束，有助于提升产业效率，增加社会整体福利。由于财政激励属于公共物品供给，意味着公共成本，通过补贴扶持页岩气产业相当于外化产业成本；相比之下，通过产权激励能够在减少财政压力的同时，有效降低产业发展的负外部性，促使企业在做出经济决策时考虑完全成本。由此可见，只有从财政激励到产权激励，才能摆脱政府的政治选择，推动产业的内生发展，实现产业由利基市场向主流市场的转型。

第二节 矿业权分配不公抑制技术创新

一、技术创新助推产业发展

（一）技术创新成就页岩革命

美国页岩气革命滥觞于页岩气开发技术的重大突破。追溯美国页岩气产

---

[1] 参见[美]道格拉斯·C.诺思：《西方世界的兴起》，厉以平、蔡磊译，华夏出版社1999年版，第89页。

[2] 参见肖国兴："论中国节能减排的法律路径"，载《郑州大学学报（哲学社会科学版）》2010年第6期。

[3] 参见肖国兴："可再生能源发展的法律路径"，载《中州学刊》2012年第5期。

业的历史可以发现，早在1821年美国就开始从事页岩气勘探开发活动，但在21世纪前，受制于技术水平，美国页岩气产业的发展并不顺利，远远滞后于常规油气产业。由于页岩本身具有致密、低渗的特点，页岩气开采的技术要求较高，在缺乏技术支持的情况下，页岩气产量低、成本高，难以实现商业化运作。直至20世纪80年代，页岩气开发才迎来关键技术的突破，最具里程碑意义的当属水平井技术在页岩气开采中的运用。20世纪90年代美国率先推广水平钻井、水力压裂等先进技术，为页岩气革命提供重要的技术支撑。[1]

美国企业改进页岩气开采技术的目的并非创造新技术，开采新资源，而是通过技术创新来获取竞争优势，赚取超额利润。新技术产生于原有的技术组合，而科学技术组合、集合或集群的根源在于激励。激励是一种对人类行为起诱导或驱动作用的力量，引导人们按照特定的方式调整自己的行为。[2]创新是推动技术进步的主要激励源。何为创新？经济与合作发展组织将创新定义为一个新的或显著改进的产品的完成、流程、新的营销方法，或在业务实践、工作场所组织、外部关系中的一个新的组织方法。从定义来看，新颖性是创新的一般特征，但创新的意义并不在于创造新科技、新产品或新服务，而在于创造价值，[3]企业通过创新来满足客户需求、提升对客户的价值，目的在于实现自身的价值追求。

技术进步由创新激励，而创新由价格激励。斯蒂格利茨强调，激励本质上是激发决策者选择某一方案，以增加利润或减少成本，激励的影响因素众多，其中最重要的因素是价格。[4]以技术进步率为主的全要素生产率是技术创新的唯一评价标准，因为技术创新的程度是以全要素生产率提高的幅度来确认的，[5]全要素生产率的微小提高意味着增进的技术变革，全要素生产率的巨大提高则伴随着根本的技术变革。根据对创新即价值创造过程的影响不同，技术进步存在本质差异。"当技术变革不能分别改变资本和劳动的边际生产率时，技术变革就是中性的；反之，当资本的产出弹性随劳动的产出弹性

---

[1] 参见罗佐县："美国页岩气勘探开发现状及其影响"，载《中外能源》2012年第1期。

[2] 参见肖国兴："论中国节能减排的法律路径"，载《郑州大学学报（哲学社会科学版）》2010年第6期。

[3] 参见肖国兴："能源革命背景下能源发展转型的法律抉择"，载《法学》2014年第11期。

[4] 参见[美]约瑟夫·E.斯蒂格利茨、卡尔·E.沃尔什：《经济学》，张帆等译，中国人民大学出版社2010年版，第8页。

[5] 参见肖国兴："能源革命背景下能源发展转型的法律抉择"，载《法学》2014年第11期。

增加而增加时,就会出现资本增进或者劳动节约型技术进步的偏性。"[1]显然,技术进步只有带来经济绩效时才有其存在及发展的价值,正如让硅谷出类拔萃的不是科技发明,而是创新能力一样。[2]

(二) 从维持性到破坏性创新

如果说创新的本质是创造价值,那么技术创新的准确定义就应该是通过技术进步来提升经济绩效。根据对全要素生产率和经济绩效的影响不同,可以将技术创新区分为维持性创新和破坏性创新。维持性创新是根据主流市场的客户需求,来提高成熟产品性能的创新,是在结构不变的基础上,运用企业的专长在组件技术上做进一步提高的创新。[3]维持性创新的典型表现是模仿,创新的追逐者可以在现有技术和市场条件下锐意进取,通过听取客户意见来推行创新计划,追赶技术领先者,然而却没有开拓新产品、新技术、新市场与新领域的能力。[4]维持性创新可以将不确定性与风险降到最低,即使是最具突破性的、最复杂的维持性创新,也很少会导致企业失败。[5]与维持性创新不同,破坏性创新能够实现新产品、新技术、新供应源和组织形式等方面的根本性变革,在成本上或质量上形成具有决定性意义的竞争优势,通过破坏性创新能够打击现有企业的基础和生命,而不仅仅是为本企业带来边际利润和产量增加,破坏性创新与维持性创新犹如炮轰和徒手的比较,前者所带来的效率提升比后者大得多。[6]当然,破坏性创新带来高收益的同时伴随着高风险,从创新初期的不被看好,到发展中的利基市场,再到颠覆成熟市场,企业一路在冒险,在成与败之间选择。[7]

---

[1] [意] 克瑞斯提诺·安东内利:《创新经济学——新技术与结构变迁》,刘刚等译,高等教育出版社 2006 年版,第 43 页。

[2] 参见肖国兴:"能源革命背景下能源发展转型的法律抉择",载《法学》2014 年第 11 期。

[3] 参见 [美] 克莱顿·克里斯坦森:《创新者的窘境》,胡建桥译,中信出版社 2014 年版,第 XIV 页、第 50 页。

[4] 参见 [美] 克莱顿·克里斯坦森:《创新者的窘境》,胡建桥译,中信出版社 2014 年版,第 26 页。

[5] 参见 [美] 克莱顿·克里斯坦森:《创新者的窘境》,胡建桥译,中信出版社 2014 年版,第 XIV 页。

[6] 参见 [美] 约瑟夫·熊彼特:《资本主义、社会主义和民主》,杨中秋译,电子工业出版社 2013 年版,第 80 页。

[7] 参见肖国兴:"能源革命背景下能源发展转型的法律抉择",载《法学》2014 年第 11 期。

我国页岩气产业发展需要的技术创新是破坏性创新,单纯的维持性创新难以担当助推页岩气革命的重任。这主要是由三个方面的因素决定的:第一,技术水平。页岩气产业在我国属于新兴产业,国内现有技术尚不成熟,没有成功经验可供模仿。尽管美国已经率先实现了页岩气商业化开发,但是简单的引进、吸收、消化国外技术,并在此基础上进行维持性创新,只能在短期内缩短与发达国家的差距,却难以克服核心技术落后、关键设备依赖的弊病,更何况由于地质条件等差异,美国的先进技术不能直接移植到我国。页岩气产业发展必须立足于我国地质、水资源状况,实现核心技术从无到有的突破,增加单井产量、延长气井寿命、降低开采成本,推动页岩气由资源到商品的转化,而这正是破坏性创新的题中之意。第二,风险特征。页岩气开采本身具有高风险、高投入的特点,在正式开采之前可能需要钻探多口空井,正式开采之后页岩气井的使用寿命有限,难以维持长期生产,其核心的水力压裂技术对水资源消耗极大,且易带来水源污染、局部地震等环境问题,外部成本较高。该产业的高风险特性与维持性创新控制风险的前提相悖,却与破坏性创新风险收益双高的特征不谋而合。第三,产业结构。我国举行页岩气探矿权招标的目的就是希望借此打破个别企业对资源矿业权的垄断,吸引包括民营资本在内的社会资本投资上游勘探开采环节,形成竞争性市场。对于新进企业而言,其战略目标显然不仅是增加页岩气产量,而且是夺取现有企业的市场份额。为了在产业链上游的竞争中争得一席之地,新进企业必须通过破坏性技术创新,形成超越现有企业的竞争能力。

二、创新依赖于企业家精神

(一) 创新精神构成企业家精神核心

技术创新是推动我国页岩气产业发展的关键环节,企业技术创新不是单纯的技术研发,而是一项综合性活动。技术创新过程主要包括以下五个方面:第一,创新管理。创新管理贯穿于技术创新的始终,是从整体上、宏观上对技术创新进行规划和管理的活动,包括创新战略和创新机制两个方面。[1]创新战略决定企业创新活动的主攻方向和基本路径,主要包括领先战略、追随

---

[1] 参见伍刚:"企业家精神与企业成长",华中科技大学2012年博士学位论文。

战略、模仿战略等类型；创新机制则是对企业内部人员进行组织管理的方式，目的是确保内部人才先进、信息沟通顺畅、员工激励有效、外部合作密切。第二，资源投入。创新资源投入是将各种资源投入创新项目，以实现创新目标的行为。根据资源性质和投资对象的不同，可以将资源投入分为研发投入和非研发投入。研发投入是对人、财、物的投资；非研发投入则主要用于市场需求调查、开发试验原型、购买专利技术等。第三，研究开发。研究开发服务于技术创新的前期阶段，企业结合自身情况发掘创新机遇，完善创新构思，最终形成创新产品的基型设计，并在试制过程中逐步改进，以适应市场需求。第四，生产制造。通常意义上的生产制造不具有适应新产品的性质，只是按照既定的生产流程进行简单机械的制造。与此不同，创新产品的生产制造首先要求对设备和人员进行更新，以适应新产品的生产。其次，产品的试生产要为研发部门提供反馈信息，促进技术成果的转化。第五，市场营销。市场营销一方面促进创新成果的商业化，体现创新活动的根本价值；另一方面及时收集市场信息，为新一轮创新准备条件。

与企业技术创新相关的另一重要概念是企业家精神。法国经济学家萨伊在1800年前后提出，企业家的作用是将资源从生产力和产出较低的领域转移到生产力和产出较高的领域，此后众多学者对企业家精神的内涵予以解释。尽管这些解释不尽相同，但学者们一致认为，创新精神和冒险精神是企业家精神的主要组成部分。创新精神是企业家精神的核心，企业家精神首先表现为开展别人没有开展过的活动，或是在开展相同活动时采用与前人不同的方式。企业家的创新精神并不一定是指发明创造，但必须表现为一种发现机会和把握机会的能力。企业家的特质就是能及时发现环境的变化，预测变化的趋势，识别可能的机会，重新配置资源，利用机会创造价值。创新往往伴随着风险，企业家在具备创新精神的同时必须具备冒险精神，勇于担当。这种冒险精神在创业初期尤为重要，因为创业初期属于企业乃至整个产业的导入期，在整个生命周期中风险最高，收益最低，融资困难，企业家一旦决定进行风险投资，往往不得不独自承担可能出现的所有后果。例如，美国页岩气产业发展初期就是以高投资、高风险著称，一方面，新技术从诞生到实际使用再到产业化是一个漫长而复杂的过程，往往需要投入大量资金进行技术研发；另一方面，由于市场需求瞬息万变，所以企业无法预测技术创新是否能够带来价值增值；此外，既有企业和替代产品的抵制更进一步加大了企业的投资风险。正是因为创新必然伴随风险,所以只有具备冒险精神的企业家才敢进行风险投资,并坚持创新。当然,企业家的冒险是一种理性的风险承担,而不是随意的盲目投资。在做出投资决策之前,企业家必然会权衡成本收益,尽量降低风险,唯有如此才能成为一个合格的企业家。

(二)企业家组织并且推动创新活动

企业家是企业进行技术创新的推动者。企业家在企业创新活动中具有决定性作用,创新活动的启动、开展、成功往往取决于企业家的眼光、意志、决断。企业家进行创新的首要目的是获得利润。在市场经济条件下,企业家的利润追求必须以满足市场需求为前提,以客户为中心,为客户创造价值,降低产品和服务价格,或提供差异化的产品和服务,帮助顾客增加利益。无论是成本领先战略还是差异化战略,都必须以企业创新为前提,通过不断创新来满足客户的各种需求,甚至通过创新来为客户创造需求,并赢得市场优势地位。从动态的角度来看,市场经济的本质体现为企业家的创新活动,这种创新并不满足于简单的模仿和从众行为,而是表现为一种创造性破坏的过程,[1]打破常规,将看似不确定性高、毫无预期收益可言的项目,逐步转化为企业的明星项目。此外,在企业家精神的驱动下,企业家能够克服短视行为,从长远角度来衡量成本与收益。尽管现有市场有据可循,投资成熟产品风险较低,能够在短期内获得利润,但如果企业将有限资源过多投入现有市场,不但会妨碍其对未知市场领域的关注,而且会加剧现有市场的竞争,遭到既有企业的强烈抵制。相比之下,未知领域的新市场往往更具吸引力。面对瞬息万变的市场环境,企业家必须对外部环境保持敏感,时刻关注外部环境的变化,将有限的资源在现有市场和未来市场上进行合理分配,及时对其产品结构和组织结构做出适当调整,避免企业在资源配置上的短视行为,通过创新来获取超额利润,建立压倒性的竞争优势。除了利益追求外,企业家进行创新的动力还有实现自我满足,体现自己特殊的权利和地位、展示自己的才华和能力,通过各种创新在实现自身事业的同时,促进整个社会的进步。

企业家是企业进行技术创新的组织者。企业家对创新活动的组织表现在

---

[1] 参见[美]约瑟夫·熊彼特:《资本主义、社会主义和民主》,杨中秋译,电子工业出版社2013年版,第77页。

外部信息收集和内部资源分配两个方面。从企业外部来看，具备企业家精神的企业家能够对外部环境保持足够的敏感度，他们观察细致、思想前卫，能够根据现有信息对未来趋势进行预测，把握稍纵即逝的市场机会，改善企业经营业绩，保持行业领先和竞争优势。企业家精神中的先动性和创新性元素促使企业家收集更多的关于潜在顾客需求和新兴市场的信息，为企业创新提供前提条件。根据这些信息，企业家制定企业的创新战略，决定企业进入新市场的时序、路径和方式，指导企业未来的发展方向。创新战略是企业家对外部信息的处理反馈和对企业发展的长期规划，是为了实现利润最大化目标而进行的战略安排。这种战略安排反映了企业家为应对不断变化的外部环境而做出的努力，企业家正是在这种努力的过程中不断培养自己发现机会和把握机会的能力。从企业内部看，企业家眼光独到，特别善于设计内部制度和政策，充分挖掘现有资源潜力，并对资源进行重新组合，以实现企业创新和发展目标。企业家存在的价值在于发现机会，并充分利用企业内外资源把握机会，帮助企业建构竞争优势。企业家既不是资金融通的金融家，也不是研究开发的发明家，而是创新思维的战略家。[1]一个具有强烈创新意识和创新精神的企业家，必然会发挥自身的领导力、感召力，通过各种组织活动，将有限资源投入创新领域，搭建创新设想通向创新现实的桥梁。[2]

三、分配不公放大资源优势

（一）制度创新决定技术创新

在企业家精神的作用下，企业努力从事技术创新，[3]在追求自身利益的同时，推动产业的整体发展。技术决定人类活动的可能性边界，[4]而制度提供人类行为的选择集合。[5]相比于技术创新的显性影响，[6]制度创新在社会

---

[1] 参见伍刚:"企业家创新精神与企业成长"，华中科技大学2012年博士学位论文。
[2] 参见董静:"企业创新的制度研究"，复旦大学2003年博士学位论文。
[3] 参见黄新华:"制度创新的经济学理论"，载《理论学刊》2004年第1期。
[4] 参见[美]保罗·萨缪尔森、威廉·诺德豪斯:《微观经济学》，萧琛译，人民邮电出版社2004年版，第14页。
[5] 参见[美]道格拉斯·C.诺思:《制度、制度变迁与经济绩效》，杭行等译，格致出版社2014年版，第6页。
[6] 参见张晓东:"以制度创新为杠杆 推动企业技术创新"，载《江汉论坛》1999年第11期。

生活中具有更为基础性的作用,是决定长期经济绩效的根本因素。[1]新制度经济学认为,技术进步是经济增长的表现,制度变迁是经济增长的原因。[2]制度创新为技术创新开拓了利润空间,技术创新的目标正是获取现行制度框架下的潜在利润。制度创新决定技术创新,高效率的制度安排能够激励技术创新,低效率的制度安排则会压抑技术创新。

新制度经济学家运用制度变迁理论,通过比较同一时期不同制度安排下的制度绩效,来论证制度创新决定技术创新的观点。他们认为,如果产权未能得到界定和保护,那么技术创新活动所带来的个人收益与社会收益会产生巨大差距,创新者无法阻止他人免费使用自己的创新成果,却要独自承担创新成本,外部性问题凸显,这无疑将会抑制创意意愿;反之,如果能够清晰界定并充分保护产权,克服外部性问题,则必将激发创新热情。例证如下:林毅夫认为,中国未能实现从前现代科学向现代科学的成功跨越,罪魁祸首是科举制度。该制度禁锢了思维,压制了创新,阻碍了现代科技在中国的发展。[3]无独有偶,道格拉斯·诺思指出,现代经济发展率先在英国和荷兰出现的主要原因,就是两国的制度为产权提供了充分保护,如无限的土地所有制、私有财产保护、知识产权等。[4]

制度创新对技术创新的作用体现在内部和外部两个方面:从企业外部来看,社会制度安排决定企业创新空间和创新动力。创新空间是指创新主体从事创新活动的范围,其主要决定因素是社会制度结构和技术存量。在技术水平一定的情况下,社会制度结构决定了潜在利润和行动成本,只有当利润高于成本时,理性的企业家才会主动从事技术创新行为。由此可见,企业实施技术创新活动的可能性大小取决于创新的制度空间,狭窄的创新空间必然打击企业家的创新热情。[5]此外,不同的制度安排为企业家提供了不同的激励

---

〔1〕 参见[美]道格拉斯·C.诺思:《制度、制度变迁与经济绩效》,杭行等译,格致出版社2014年版,第127页。

〔2〕 参见秦汉锋:"技术创新与制度创新互动关系理论的比较",载《经济科学》1999年第5期。

〔3〕 参见王冰、刘成奎:"我国中小企业的技术创新与制度创新分析",载《武汉大学学报(人文科学版)》2004年第6期。

〔4〕 参见李玉虹、马勇:"互动:技术创新与制度创新关系的理论比较",载《经济学家》2001年第1期。

〔5〕 参见伍刚:"企业家精神与企业成长",华中科技大学2012年博士学位论文。

第一章 页岩气产业发展呼唤矿业权公平分配

机制，促使企业在不同的资源配置模式中进行选择，是将资源投入创新活动还是寻租活动。从企业内部来看，企业内部制度影响创新风险和创新信息。创新活动的重要特征就是不确定性，即为风险。为降低风险，企业必须在内部制度上予以安排，如设置相关组织机构、规定运营及创新流程等，这些制度安排必然会消耗企业大量资源，使创新活动受到影响。另外，创新活动依赖于一定的信息，包括市场需求、政策立法、宏观经济等，能否将有效外部信息迅速传递至企业决策层，是创新活动能否实现的关键环节。为此，除了进行外部的信息收集外，还要建立内部的信息筛选和传递机制，促进信息沟通和人员交流。

制度创新决定技术创新，并不意味着技术创新完全处于被动地位。[1]破坏性技术创新能够创造新的潜在利润，改变现有制度框架下的成本收益函数，从而启动制度变迁进程。技术决定了可实现的经济增长的上限，[2]技术创新的意义在于扩张能源生产的可能性边界，拓展能源资源利用的广度和深度，[3]但能否出现破坏性技术创新、技术创新的程度、技术创新对于经济发展的推动力依赖于制度框架能否激发企业家精神、降低技术产业化过程中的交易成本。[4]

（二）分配不公压制创新精神

制度创新决定技术创新，公平竞争的市场制度能够有效培育和释放企业家精神，因而成为激励企业进行持续技术创新的核心制度安排。在公平竞争的市场环境中，企业由创新所获得的收益高于权力寻租所得收益，所以企业

---

[1] 参见秦汉锋："技术创新与制度创新互动关系理论的比较"，载《经济科学》1999年第5期。

[2] 参见［美］道格拉斯·C.诺思：《制度、制度变迁与经济绩效》，杭行等译，格致出版社2014年版，第159页。

[3] 例如美国在页岩气抽采技术上的突破，极大降低了美国页岩气生产成本，推动了美国页岩气革命，扭转美国能源供应大量依赖进口的局面。

[4] 诺思认为，"在一个交易费用为零的世界里，知识存量及其应用的增长，为人类在社会中实现其潜在福利提供了一把钥匙。但这种分析没有涉及：为什么这种潜在的福利没有实现？为什么在大部分技术都是人皆可得的情况下，富国与穷国之间还存在着如此巨大的差异？"诺思认为，由制度框架所决定的激励结构是影响发达经济体、中央计划经济体以及欠发达经济体之间的经济绩效差异的最重要因素。

更加倾向于通过创新活动获得收益。[1]公平竞争的市场制度对于技术创新的激励作用主要体现在两个方面：第一，公平竞争激发创新动力。在公平竞争的市场环境中，企业进行技术创新的目的是创造价值，价格激励构成技术创新的原始动力。为了获取超额利润和市场优势，企业家必须充分发挥创新精神，推动企业创新实践，凭借技术创新建构竞争优势，使自身收益率超过市场平均收益率。当然，在市场竞争的推动下，技术上的优势会随着其他企业的模仿和创新而消耗殆尽，任何技术创新成果都有被替代的可能，这又会引发新一轮的创新竞争。[2]虽然专利权制度授权创新者在一定时期内独享创新收益，有效应对"溢出效应"，成功克服"搭便车"问题，[3]但这种排他性产权制度与强调竞争并不矛盾，因为在公平竞争的市场环境中，外在的竞争压力会迫使企业不断进行创新，一味固守现有的专利技术必将被市场所淘汰。第二，公平竞争产生创新压力。公平的竞争环境会使企业产生"生"与"死"的选择压力，企业家为了企业的生存，在面对竞争压力时必须发挥冒险精神，锐意创新。在公平竞争的市场环境中，企业之间的竞争本质上是价值创造能力的竞争，谁能够为客户提供更有价值的产品或服务，谁就能在竞争中获得优势。对于资源开采行业来说，由于产品相对单一，难以在产品上实现差异化，这种价值创造能力更多地体现在降低资源产品的成本和价格上，而成本的降低尤其依赖技术上的创新和突破。尽管技术创新会带来较高的失败风险，但面对市场竞争压力，企业必须迎难而上，不断冒险，推动创新进程，企业家的能力也正是在这种竞争中才得以体现。另外，竞争产生的市场进入和退出机制有助于实现优胜劣汰，把持续创新的高效企业筛选出来，任其发展；同时又把固步自封的低效企业筛选出去，让其关闭，从而促进了社会资源的优化配置。

然而，当企业从权力激励获得好处大于价格激励时，企业会更多地寻求权力激励而放弃价格激励，造成市场的萎缩。某些大型企业垄断页岩气矿业权，剥夺了民营企业参与竞争的可能性，抑制了民营企业和大型企业的创新

---

[1] 参见孙英男："中国国有地勘企业制度创新模式研究"，吉林大学2003年博士学位论文。
[2] 参见薛飞："市场结构与技术创新：文献综述"，载《东方企业文化》2012年第9期。
[3] 参见程云鹏："中国特色碳减排制度创新研究"，东北师范大学2013年博士学位论文。

激励。[1]水力压裂技术是美国页岩气产业化的技术支撑,但该技术并非为开采页岩气首创,而是将油气产业中的传统技术运用于页岩气开采,在不断勘探试错中加以改进,最终使不具有商业价值的页岩气资源得以产业化开采,改变了美国的能源结构。这种技术改进是一种破坏性创新过程,试错伴随着巨大的成本投入和风险承担,唯有具备企业家精神的企业家方可完成。企业家创新的目的并非改进技术而是追逐利润、获取竞争优势,只有有效竞争的市场环境才能培育企业家精神。[2]某些大型企业垄断主体矿区矿业权,借此获取的垄断利润远高于技术创新的预期收益,缺乏参与页岩气风险勘探的动力;[3]某些大型企业领导习惯于维持性创新,并不愿意承担破坏性创新的失败风险,以及由此所带来的政治责任,所以也缺乏创新激励。民营企业受制于矿业权劣势,在产业链各个环节都无法与大型企业展开有效竞争,难以动摇大型企业的优势地位,无法获得超额利润、建构竞争优势,因而创新激励不足。

四、公平分配释放创新激励

(一)公平分配激励企业创新

企业家进行创新的动机在于追求工业上或商业上的成功,以达到令其满意的社会地位,不仅表现为企业利润的增长,而且表现为市场份额的扩大,而这种追求只有在公平竞争的市场环境中才有可能实现。市场的集中程度并不必然影响企业家精神的形成,现行制度能否提供竞争可能性才是激发企业家精神的关键因素。矿业权分配不公造就大型企业与民营企业的"非对称竞争"格局,使二者均缺乏足够的创新动力。要想推动页岩气产业的破坏性创新,就必须从上游切割利益链,首先实现矿业权的公平分配,创造公平竞争的市场环境,扭转"非对称性竞争"的局面,为企业创新,尤其是破坏性技

---

[1] 参见韩继坤:"技术创新、制度创新与科技园区发展研究",华中科技大学2007年博士论文。

[2] 参见[美]约瑟夫·熊彼特:《经济发展理论》,纪沫等译,商务印书馆1990年版,第100~102页。

[3] 对于页岩气探矿权招标,中石油、中石化表现得并不积极,反而是民营企业热情高涨;第一轮中标的两家国有企业——中国石油化工股份有限公司和河南省煤层气开发利用有限公司——并未完成勘探投资承诺,因此缴纳了违约金并核减中标区块面积。

术创新提供竞争可能性。在这种制度环境中，大型企业尤其应该转变竞争战略，从资源优势走向竞争优势，放弃通过控制资源权属来控制页岩气产业的传统路径，将自身资源转移到创新领域，通过破坏性创新重新寻求其核心竞争力。

必须强调的是，创新并不否定大型企业对于页岩气产业的控制，只是质疑这种控制力的形成过程。大型企业通过制度壁垒而非市场竞争建立并维持其垄断优势，使得民营企业根本无法通过创新来冲击或威胁其市场地位，这种制度结构和市场环境降低了其与民营企业进行创新的积极性。并非大型企业不具有创新的能力，而是因为通过创新所带来的预期净现值[1]远远低于无成本的制度壁垒所带来的垄断租金，因而缺少创新激励。事实上，相对于完全竞争市场，垄断竞争是更有利于激发破坏性创新的市场结构。在完全竞争市场中，企业规模通常较小，尽管创新不断，但大都属于维持性创新，而在垄断竞争市场，企业规模较大，能够负担破坏性创新所需要的高投入，并承担相应的风险，中石化在涪陵页岩区块的成功即是例证。但是这种垄断必须是通过有效竞争和不断创新所建立的经济垄断，而不能是凭借矿业权优势所建立的行政垄断。

即使打破制度或政策上的保护性规定，大型企业在进行破坏性创新时仍然具有比较优势，体现在以下几个方面：首先，破坏性创新意味着新产品和新技术的大量涌现，会冲击原有生产方式，并需要大量的长期投资，因而必须依靠一些必要的保护措施，除了申请专利、生产方法的暂时保密或签订长期业务合同外，价格政策和产量限制是大型企业才能实施的措施，前提是这些措施符合法律规定；其次，在新产品和新技术的市场前景并不明朗的情况下，小型企业往往很难通过或维持大规模的破坏性创新计划；再次，大型企业通常能够持续存在，具有更强的抗压和抗风险能力，拥有足够的资本去观察和分析改进链条的发展趋势，从而帮助其做出决策以便获取最为有利的竞争地位。[2]可见，即使对上游矿业权进行公平分配，也不用担心大型企业会就此一蹶不振，相反民营企业的发展和竞争能力的增强更有助于倒逼大型企

---

〔1〕 净现值即为预期现金流入现值与预期现金流出现值之间的差额。

〔2〕 参见［美］约瑟夫·熊彼特：《资本主义、社会主义和民主》，杨中秋译，电子工业出版社2013年版，第82~100页。

业改革，正如用斗牛士的姿态去激发公牛的活力。

（二）制度优势成就竞争优势

企业通过创新来建构高层次的竞争优势，企业之间的竞争表现为创新能力的竞争。迈克尔·波特认为，企业竞争优势可以分为高低两个层次。低层次竞争优势强调成本领先，主要基于资源优势、规模经济等要素；高层次竞争优势追求产品差异，必须开展技术创新、制度创新等活动。相比于低层次竞争优势，高层次竞争优势能够为企业带来更高的收益率，且难以被竞争对手模仿，因而成为企业竞相追逐的对象。能否获得高层次竞争优势，不仅取决于企业是否愿意开展创新活动，而且取决于国家能否供给有效率的制度安排，以激励企业持续投资于破坏性创新。[1]

国家通过制度设计来激励企业的创新活动，国家之间的竞争本质上是制度竞争。制度竞争通常有三重含义：一是指国家通过制度设计来刺激投资，激励创新，同时也约束市场主体的行为，减少经济运行中的冲突和摩擦，增强企业的国际竞争力。企业的竞争能力反映了企业的创新能力，企业的创新能力则反映了国家的制度绩效。二是指通过制度竞争来展现制度优势，吸引全球资源流入本国。三是指国家之间在建立国际政治经济制度过程中的博弈与竞争，国家通过加强自身的谈判能力、影响力和适应能力，减少本国在国际竞争中的不确定性因素。[2]

本书所提到的制度竞争主要是指第一重含义。一种有效率的制度安排必然着眼于降低交易成本，激励企业创新，争取竞争优势。[3]遗憾的是，我国页岩气矿业权分配不公的制度安排是一种低效率的制度安排。大型企业为取得矿业权而支付的固定费用不是由市场竞价形成，不能反映矿产资源的价值且会导致资源成本外化。矿业权的不公平分配极大地打击了企业的创新热情，使企业不愿将资源投资于创新领域；矿业权的不公平保护降低了（民营企业）矿业权人进行内部化的预期收益，因此缺乏内部化激励，反而刺激了投机行为，在短期内进行破坏性的开发，尽快收回投资并获取暴利。《矿产资源法》

---

[1] 参见袁正明、秦盛丰："国家竞争优势与比较优势的内在联系和差异"，载《经济研究导刊》2014年第19期。

[2] 参见张小蒂、王焕祥："制度竞争：从比较优势到竞争优势"，载《学术月刊》2003年第9期。

[3] 参见张小蒂、王焕祥："制度竞争：从比较优势到竞争优势"，载《学术月刊》2003年第9期。

禁止矿业权"牟利性"转让，为产权交易设定了极高的交易成本，导致矿业权无法通过市场流转修正初始分配不公平的状况，最具生产性用途的市场主体无法取得矿业权，降低了资源配置效率，同时阻碍了矿业权市场价格的形成，使得矿业权价格无法纳入企业的成本核算体系，带来外部负效应。制度设计的低效率，拖累了企业，乃至整个国家竞争优势的形成。

第二章
行政垄断阻碍矿业权公平分配

第一节 行政垄断铸就行业垄断壁垒

一、政府主导天然气产业发展

我国天然气产业并不是在市场价格机制和供求机制引导下自发形成的，而是在政府行政权力主导下形成的，整个产业的发展与政府确定的天然气管理体制和经营机制密不可分。通过梳理新中国成立后我国天然气管理体制的变迁过程，有助于凸显行政权力在天然气产业发展中的主导地位，解释我国以资源管理为导向的立法传统的形成原因，说明我国天然气矿业权行政垄断的形成过程。

（一）计划经济时期的产业发展（1949~1978年）

1949年10月1日，中华人民共和国成立，从此开始了中国现代天然气产业发展的新阶段。囿于当时经济条件限制和天然气勘探开发技术落后、天然气市场培育不足等一系列因素，国家对石油开采的重视程度和资金投入大大高于天然气开采。天然气利用在相当长一段历史时期内，事实上处于石油开发的从属地位。"先油后气""重油轻气"的观念造成石油和天然气勘探开发不均衡的现象存在于整个计划经济时期。尽管石油和天然气具有不同的物理化学特性与生产技术要求，但在中国油气产业发展之初，很难将二者截然分开，在描述天然气产业发展过程时，将不可避免的述及整个油气产业的发展状况。

1. 计划经济时期的管理体制

新中国成立时，中央人民政府设立燃料工业部，下设石油管理总局。1955年1月，石油管理总局在北京召开第六次全国石油勘探会议，宣布国务院决定：地质部负责油气普查任务；石油管理总局负责油气详查和钻探开发任务；中国科学院地质研究所承担油气综合研究任务。[1]同年7月，第一届全国人大二次会议决定：撤销燃料工业部，分别成立煤炭工业部、石油工业部和化学工业部。1970年6月22日，中共中央决定将煤炭工业部、石油工业部、化学工业部合并，成立燃料化学工业部。[2]1975年1月17日，第四届全国人大一次会议通过决议，撤销燃料化学工业部，成立煤炭工业部和石油化学工业部。1978年3月5日，全国人大常委会决定撤销石油化学工业部，成立石油工业部和化学工业部。[3]

2. 计划经济时期的经营机制

在计划经济时期，宏观层面上，国家实行社会主义计划经济体制，将所有权与经营权直接结合，采取指令性计划调节方式和按劳分配。政府对石油天然气产业实行完全垄断。[4]中观层面上，国家建立了单一全民所有制的、高度集中的石油天然气管理体制，石油天然气管理部门（石油工业部）兼有所有者、管理者、经营者的身份，石油管理局作为石油工业部行政权力的延伸，统一管理本油气区内各二级单位的一切生产，严格执行上级部门及其他部委的指令性计划。微观层面上，油气田企业内部执行国家统一的劳动、人事、分配制度。企业管理具有鲜明的行政特征。

3. 计划经济时期的发展特点

受到当时计划经济体制的深刻影响，中国现代天然气产业在发展之初呈现出以下特点：管理模式上，天然气产业由国家统一领导、统一指挥，实行高度计划管理，投入产出一切归国家。普遍采用"会战模式"，集中力量取得勘探开发成果。在国家计划安排下，天然气开发在四川地区率先取得突破，

---

[1] 参见豫·宛人："中国石油科技五十年纪实（1949~1999）"，载《石油科技论坛》1999年第6期。

[2] 参见尧楚楚："中国能源管理机构改革存在的问题及对策建议"，载《云南财经大学学报（社会科学版）》2011年第4期。

[3] 参见刘东刚："中国能源监管体制改革研究"，中国政法大学2011年博士学位论文。

[4] 参见石兵兵："中俄天然气贸易问题研究"，武汉大学2010年博士学位论文。

在全国范围内的发展情况极不平衡；生产经营上，天然气企业以产量而不以效益为核心，普遍处于亏损状态。天然气生产技术水平与国外相比存在较大差距，天然气生产和供气是地区性的，生产设施不完整，输气管网不配套。天然气实行计划供应，由国家计划委员会分配指标，主要供应对象是工业用户。天然气价格由国家物价局制定，缺乏市场调节手段。

（二）改革开放时期的产业发展（1979~1999年）

1. 管理体制和经营模式的改变

（1）成立中国海洋石油总公司

1982年2月8日，国务院批准成立中国海洋石油总公司，以立法形式授予该公司在中国对外合作海区进行石油勘探、开发、生产和销售的专营权，全面负责对外合作开采海洋油气资源。2月15日，中国海洋石油总公司在北京正式成立，定级为国务院直属局级（副部级），归石油工业部领导。1988年7月，石油工业部撤销后由能源部行使有关中国海洋石油总公司对外合作的政府管理职能。1993年能源部撤销后，由国家计划委员会负责联系。1998年以后改由国家经济贸易委员会负责联系。

（2）成立中国石油化工总公司

1978年底，中国原油产量首次突破亿吨大关，达到1.04亿吨，但此后几年产量增长缓慢，石油加工和利用中存在诸多不合理状况。为了将炼油和化工有效结合，发挥综合利用效益，对大型炼油厂和以石油为原料的化工厂实行统一领导、统一指挥，加强原油深加工。1983年2月，中共中央、国务院做出重大决策，对全国石化管理体制进行改革，成立中国石油化工总公司，对全国以油气为原料的炼油、石化、化纤、化肥等企业实行集中领导，统一规划、统一管理、联合经营。1983年7月，中国石油化工总公司正式成立。

（3）成立中国石油天然气总公司

1988年9月17日，国务院撤销石油工业部，以其所辖主要资源和资产为依托，成立中国石油天然气总公司（以下简称总公司）。总公司主要从事石油、天然气上游领域的生产业务，兼有部分政府管理、调控职能。[1]此后，中国石油天然气总公司在原石油工业部基础上进行改组，原石油工业部的政府职能

---

〔1〕 参见赵昱钧、刘淑哲："政府规制下的中国石油企业成长路径探讨——以中石油集团为例"，载《西安石油大学学报（社会科学版）》2014年第5期。

（包括制定发展战略、长远规划、重大方针政策和法规，确定石油对外合作区域，以及组织协调、检查监督等）移交能源部行使。原石油工业部在国家陆地全境（包括岛屿、海滩、水深0~5m极浅海在内）石油、天然气的生产建设和经营管理职能，由总公司行使，总公司同时承担能源部和其他政府部门授权或委托的部分政府管理职能。[1]建立之后，总公司由能源部归口管理，在国家计划中单列户头，依据政府授权，全面负责规划、组织、管理和经营陆上石油、天然气资源的勘探、开发、生产建设以及与油气共生或钻遇的其他矿藏的开采、利用工作。[2]

2. 改革开放时期的发展特点

改革开放时期，中国天然气管理体制发生了重大变化，先后成立了中国海洋石油总公司和中国石油化工总公司，撤销国家石油工业部成立中国石油天然气总公司，天然气业务由过去一家统管，变成分属于上述三大公司管理。中国石油天然气总公司重视天然气的发展，从管理体制和经营模式上进行了一系列改革：中国石油天然气总公司成立天然气司，相关油气田企业成立天然气管理机构；编制天然气产业发展规划，确定战略部署，增加天然气勘探投入。[3]按照改革开放、讲求效益的原则，各油气企业内部解体"小而全"，进行了专业化重组；坚持以效益为中心，一业为主多种经营。

（三）战略重组之后的产业发展（1999年至今）

1. 管理体制和经营模式的改变

（1）成立两大集团公司

1998年3月16日，第九届全国人大第一次会议通过国务院机构改革方案，将化学工业部、中国石油天然气总公司、中国石油化工总公司的政府职能合并，组建国家石油化学工业局，由国家经贸委管理。化学工业部和中国石油天然气总公司、中国石油化工总公司下属企业及石油公司和加油站，按照上下游结合的原则，分别组建两个特大型石油、石化企业集团公司和若干

---

[1] 国务院办公厅转发能源部关于组建中国石油天然气总公司报告的通知，《中华人民共和国国务院公报》1988年4月30日。

[2] 国务院办公厅转发能源部关于组建中国石油天然气总公司报告的通知，《中华人民共和国国务院公报》1988年4月30日。

[3] 参见石兵兵："中俄天然气贸易问题研究"，武汉大学2010年博士学位论文。

大型化肥、化工产品公司。1998年7月29日中国石油天然气集团公司和中国石油化工集团公司两大集团公司正式宣布成立。[1]

(2) 中国石油天然气集团公司改组并上市

1999年2月，中国石油天然气总公司遵照中共十五届四中全会提出的"国有大中型企业尤其是优秀企业，宜于实行股份制的，要通过规范上市、中外合资和企业互相参股等形式改为股份制企业，发展混合所有制经济，重要的企业由国家控股"的指示，[2]开始实施大规模内部重组改制和上市筹备工作。依照国家经济贸易委员会1999年10月25日《关于同意设立中国石油天然气股份有限公司的复函》，中国石油天然气股份有限公司（以下简称中油股份公司）于1999年11月5日正式创立；2000年4月6日、7日中油股份公司股票同时在美国纽约证券交易所和香港联交所挂牌交易。[3]重组后的中油股份公司是中国石油天然气集团公司控股、境内注册、境外上市的公司，主要经营油气勘探开发、炼油化工、油气管道运输、油气产品和化工产品销售等业务，具有独立法人资格，独立承担民事责任。政府对中油股份公司的控制通过中国石油天然气集团公司实现。[4]

(3) 中国石油化工集团公司改组并上市

中国石油化工集团公司（以下简称中石化）2000年2月25日成立了其下属最大的控股子公司——中国石油化工股份有限公司（以下简称中石化股份公司）。中石化股份公司是一家中上游一体化、石油石化主业突出、拥有完善销售网络、境内外上市的股份制企业，[5]2000年10月18日、19日分别在香港、纽约、伦敦三地交易所成功上市，2001年7月16日在上海证券交易所成功上市。中石化股份公司的业务范围包括：石油与天然气勘探开发、开采、销售，石油炼制、石油化工、化纤、化肥及其他化工生产与销售、储运，石油、天然气管道运输；石油、天然气、石油产品、石油化工及其他化工产品

---

[1] 参见胡耀晖："新星石油公司人力资源管理与开发对策研究"，西南交通大学2002年硕士学位论文。

[2] 参见石兵兵："中俄天然气贸易问题研究"，武汉大学2010年博士学位论文。

[3] 参见胡耀晖："新星石油公司人力资源管理与开发对策研究"，西南交通大学2002年硕士学位论文。

[4] 参见李旭颖："资源类产品价格管制的经济学研究"，北京交通大学2009年博士学位论文。

[5] 参见乔玲："回购上市公司是国有大型企业做大做强的成功举措——以中国石油化工股份有限公司为例"，载《科技情报开发与经济》2007年第29期。

和其他商品、技术的进出口、代理进出口业务，以及技术、信息的研究、开发、应用。[1]中石化是中国最大的石油产品（包括汽油、柴油、航空煤油等）和主要石化产品（包括中间石化产品、合成树脂、合成纤维单体及聚合物、合成纤维、合成橡胶和化肥）的生产商和供应商，也是中国第二大原油生产商。

2. 战略重组时期的发展特点

重组改制以来，中石油、中石化经历了重组、改制，建立现代企业制度，在境内外上市、持续重组、走向规范等一系列重大改革历程。实施了管理体制改革和经营机制转换，学习借鉴跨国石油公司的管理经验，坚持改革开放，充分利用国内外资源，强化企业管理，努力降低生产成本，适应市场需求，调整天然气产业结构和产品结构，加强天然气相关经济问题研究，争取国家政策扶持等一系列举措，促进了天然气产业快速发展。以"西气东输""川气出川"管线建设为代表，天然气管道从区域内向外延伸，使天然气资源和天然气市场实现有机结合。天然气勘探在东部、中西部和海域都取得了重大成就，液化天然气工程项目陆续建成、非常规天然气研究和勘探有了新的进展、国外进口天然气已从规划变为现实。中国天然气进入了大开发、大利用、大发展阶段。

二、行政垄断导致矿业权分配不合理

（一）行政权力助力分配不合理

从新中国成立后我国天然气产业发展历程中不难看出，我国天然气产业并不是在市场价格机制和供求机制引导下自发形成的，而是在政府行政主导下形成的。政府将天然气产业视为行政管理的对象，不断建立、改革天然气管理体制和经营机制，通过控制天然气资源来管理天然气开发利用，授权国有企业控制经营天然气勘探开采业务，而不是借助市场竞争推动其产业化发展。

1998年油气产业进行战略重组时，国务院为加强对矿产资源勘查的管理，

---

[1] 参见胡耀晖："新星石油公司人力资源管理与开发对策研究"，西南交通大学2002年硕士学位论文。

保护探矿权人的合法权益，维护矿产资源勘查秩序，促进矿业发展，适时颁布《矿产资源勘查区块登记管理办法》（以下简称《办法》）。[1]尽管《办法》在其立法目的中强调兼顾资源管理和矿业发展，但整个《办法》侧重于对矿产资源勘探的行政管理，鲜有促进矿业发展的立法内容。根据《办法》第3条、第4条、第6条规定，国家对矿产资源勘查实行统一的区块登记管理制度，勘查天然气资源的，必须经国务院指定机关审查同意后，由国务院地质矿产主管部门登记，颁发勘查许可证；[2]申请勘查天然气资源的，除提交申请登记书、申请的区块范围图、勘查单位的资格证书复印件、工作计划、勘查合同、勘查实施方案及附件等文件外，还必须提交国务院批准设立石油公司或者同意进行石油、天然气勘查的批准文件以及勘查单位法人资格证。[3]由此可见，企业取得天然气探矿权的前提条件是获得国务院的批准，否则即使申请天然气探矿权也无法通过相关机关的审查。1998年我国油气产业战略重组时，经国家经济贸易委员会请求，国务院批准组建中石油、中石化两大油气集团公司，直接授权两大集团公司勘探开采陆地主要矿区的天然气资源，此后并未再批准其他企业从事陆地天然气开发业务，这意味着事实上仅有两家企业有权申请取得陆上天然气探矿权。此外，《办法》第9条规定，禁止任何单位和个人进入他人依法取得探矿权的勘查作业区内进行勘查或者采矿活动。[4]中石油、中石化在取得了国务院批准之后，抢先登记了我国陆地绝大部分主体矿区的矿业权，[5]即使以后其他企业取得了政府授权批准，也无法在相同区块内再次登记矿业权。

此后，政府行政划拨成为矿业权分配的主要方式，虽然《办法》第16条首次规定了探矿权可以通过招标方式有偿取得，但由于该规定并非强制性规定，在实践中往往流于形式，政府仍然主要采用行政划拨的手段分配矿业权。直至2003年国土资源部颁布《探矿权采矿权招标拍卖挂牌管理办法（试

---

[1] 参见张文："完善矿业权行政法保护的建议"，载《中国煤炭》2010年第12期。

[2] 参见郭虹："我国未来油气资源政策走向研析"，载《中国石油和化工经济分析》2009年第2期。

[3] 参见郭虹："我国未来油气资源政策走向研析"，载《中国石油和化工经济分析》2009年第2期。

[4] 参见张文："完善矿业权行政法保护的建议"，载《中国煤炭》2010年第12期。

[5] 根据《中国矿业年鉴2007》，截至2006年12月31日，在全国探矿权和采矿权总面积中，中石油探矿权占41.6%，采矿权占80.9%；中石化探矿权占22.6%，采矿权占13.1%。

行)》,才对主管部门以招标、拍卖、挂牌方式出让探矿权进行了强制性规定,但其适用范围仅限于新设矿业权,对既有矿业权并无溯及力。

(二)行政垄断的内涵及不利影响

矿业权垄断的本质是政府主导的资源配置模式,政府将矿业权取得视为资源管理的一个环节,通过控制资源分配来管理资源产业,保证政府行政管理效率,却难以适应页岩气产业市场化转型的需要,原因在于行政垄断会带来一系列不利影响。与技术垄断能够带来技术创新效应、经济垄断能够带来规模经济效应不同,行政垄断只能导致成本提高,具体而言,页岩气矿业权行政垄断的不利影响表现在以下几个方面:

第一,行政垄断导致矿业权的不公平分配。一方面,对民营企业来说,行政垄断违背了机会公平的正义要求。公平竞争是市场经济的核心和灵魂,没有公平竞争就不可能有市场经济的确立和发展。公平竞争的前提是竞争者的机会公平,面对相同的可能性,只有擅于发现机会、当机立断、改善管理、锐意创新的企业才能在机会公平的市场环境中建立竞争优势。然而,在我国页岩气产业的发展过程中,政府对市场主体进行人为的差异化区分,民营企业即使发现了页岩气产业的发展机遇,也会因为无法取得矿业权,不能进行开发利用,更妄谈建立竞争优势。可见,行政垄断为民营企业进入产业链上游设定了极高的制度壁垒,而且这种壁垒是企业通过技术创新、改善管理等手段无法逾越的,它使得民营企业处于机会不公平的环境中。另一方面,对能源消费者来说,行政垄断造成了社会总体福利损失,违背了"差别原则"。假如对大型企业和民营企业实行差别待遇,由大型企业垄断矿业权,能够提升页岩气产业的能源效率,提高页岩气供给量,满足能源消费者、特别是底层能源消费者的能源消费需求,那么这种制度安排也是符合罗尔斯正义原则的。然而事与愿违,行政垄断降低了资源配置效率(容下详述),拖累了我国页岩气商业化开发的进程,阻碍了页岩气产量目标的实现,造成页岩气供给远不能满足需求,抑制了消费者福利提升,因此违背了"差别原则"。

第二,行政垄断降低了资源配置效率。首先,行政垄断反映了政府主导的资源配置模式,相对于市场,政府在分配资源时存在先天劣势,集中表现在政府与市场的信息收集能力存在差距。它不可能收集有关市场需求的全部信息，政府在批准矿业权时存在盲目分配的致命缺陷，易造成资源浪费；唯有分散决策的市场主体，能够根据自身生产能力、成本费用对资源进行合理评估，愿意以最高的对价取得资源并开展生产经营，实现资源价值最大化。"圈而不探"是政府分配盲目性的典型体现。所谓"圈而不探"是指企业在取得页岩气探矿权后，并未实际投资以完成勘探任务的现象。2011年，国土资源部首次通过招标方式出让两个页岩气区块探矿权——"渝黔南川页岩气勘查区块"（简称"南川区块"）和"渝黔湘秀山页岩气勘查区块"（简称"秀山区块"），受邀竞标企业均为国有企业，最终中石化股份公司和河南省煤层气开发利用有限公司取得探矿权。两个探矿权的勘查许可证有效期均为3年，即2011年7月18日至2014年7月18日。2014年，经国土资源部督察，3年勘查期内两家国有企业均未完成勘查投入承诺，按照页岩气探矿权出让合同的约定，两家公司需要缴纳违约金并核减区块面积。国有企业陷入"圈而不探"怪圈，是因为国有企业缺少激励。事实上，国有企业对页岩气探矿权竞标并未表现出极高的热情，取得探矿权似乎是为了完成政府交予的行政任务，而不是为满足生产经营需要主动选择的投资战略。国有企业"圈而不探"造成了资源的闲置和浪费，反映了政府分配资源的盲目性，即将资源强行分配给并不需要的国有企业，却令有心投资的民营企业无法取得矿业权，降低了资源配置效率。

第三，行政垄断为滋生腐败提供可能。页岩气矿业权行政垄断反映了我国政府主导的资源配置模式，矿业权需经政府批准后方可取得，政府成为页岩气资源分配的决策中心，政府偏好成为矿业权取得的决定性因素。对于少数企业来说，相比于通过市场竞争所建立的竞争优势，通过腐败方式所建立的优势成本更低、风险更小、收益更为确定，作为理性经济人，这些企业显然更愿意付出寻租成本，而不是投资于技术创新和改善管理。对于政府来说，主导资源分配过程为设租寻租创造了前提条件，政府对矿业权的审批权力成为滋生腐败的重要源泉，某些政府官员在做出资源分配决策时更多的是考虑如何实现个人利益，而不是提升资源配置效率，更愿意将资源分配给能够向政府输送租金的企业，这在山西"塌方式"腐败中可见一斑。

三、立法缺陷为矿业权分配不合理提供空间

(一) 行政立法规制不足

1. 行政立法规定模糊

我国立法对政府行政立法的规定模糊使得行政机关能够通过行政立法,帮助大型企业实现矿业权控制的目标,典型做法就是在行政立法中设定种类繁多的行政审批事项,扩大政府权力,批准大型企业的矿业权申请,否定民营企业的矿业权申请或强制民营企业转让矿业权,替代市场的选择和淘汰机制。

行政立法的模糊规定使得行政立法可能僭越上位法的规定。行政立法本质上是对立法机关制定的法律的执行性活动,[1]其价值主要体现在补充法律规则的不足,这种补充应以立法留有空隙且属于次级性、行政性、具体性、实施性的事项为标准,不能超越立法权。[2]行政立法的内容应该仅限于对法律规定的细化,而不能创设法律没有规定的事项。遗憾的是,《中华人民共和国立法法》(以下简称《立法法》)对行政立法如何体现对上位法的执行、如何处理越权立法等问题并未作出明确规定,这种不确定性就削弱了行政立法的《立法法》规制力度,模糊了执行性立法与创设性立法之间的界限。

多年前的山西煤炭能源整合运动正是地方政府通过行政立法权来实现行政垄断的典型体现。2004年山西启动矿业权改革,私人采矿者可以按储量一次性买断矿业权,获得矿业权的民营煤老板有权利"一直挖到没有"。2005年《山西省人民政府关于推进煤炭企业资源整合有偿使用的意见(试行)》和《山西省煤炭资源整合和有偿使用办法》先后出台,[3]山西省开始推动以

---

[1] 参见沈福俊:"部门规章为什么没有行政许可设定权——部门规章功能分析",载《政治与法律》2005年第6期。

[2] 如2015年修订的《立法法》第65条规定,"行政法规可以就下列事项作出规定:(一)为执行法律的规定需要制定行政法规的事项;(二)宪法第八十九条规定的国务院行政管理职权的事项";第80条规定,"部门规章规定的事项应当属于执行法律或者国务院的行政法规、决定、命令的事项";第82条规定,"地方政府规章可以就下列事项作出规定:(一)为执行法律、行政法规、地方性法规的规定需要制定规章的事项;(二)属于本行政区域的具体行政管理事项"。

[3] 参见胡乾坤:"山西煤炭资源整合的法律经济学分析",载《新西部(下半月)》2010年第3期。

国有企业为主导的行业整合。2009 年山西省人民政府出台《关于进一步加快推进煤矿企业兼并重组整合有关问题的通知》，授权山西省内七大国有煤矿集团主导重组中小煤矿（主要是民营企业），被重组企业只能选择出售或参股。[1] 备受争议的是，山西相当一部分民营煤矿六证齐全（营业执照、采矿证、安全生产许可证、煤炭经营许可证、矿长资格证和矿长安全生产许可证），投资者经过各级政府审核，通过竞价、协议出让等合法方式已经取得采矿权。山西省人民政府通过颁行地方政府规章，强行要求矿业流转，有违《矿产资源法》和《物权法》的规定。《矿产资源法》第 35 条规定，"允许个人采挖零星分散资源"，为民营企业经营煤矿提供了合法性基础。2007 年颁行的《物权法》更是将探矿权、采矿权明确列为用益物权，民营企业经政府批准取得矿业权之后，矿业权理应具备物权的排他效力，可以对抗权利人之外的所有人对权利的侵害。山西省的地方政府规章显然剥夺了矿业权人的矿业权，干涉了用益物权人的合法权利，违背了法律规定。即使将矿业整合视为政府为实现社会公共利益进行的财产征收行为，也应该制定合理的评估和补偿标准，但整合中评估机构仅仅是对固定资产，如地面建筑、矿井设备投入等进行评估，[2] 没有把投资者缴纳的矿产资源使用费纳入评估，且矿业权人无权与政府就评估和补偿标准进行协商，只能选择被动接受，导致大量民营资本在整合中蒸发。

2. 行政立法责任缺失

我国行政机关被赋予行政立法权力，却未被课以行政立法责任，与现代社会权力与责任相对应的原则格格不入。行政立法责任是指行政立法主体对其违法行为所应承担的法律责任。[3] 行政立法中的违法行为形式多样，除了上文所提及的僭越上位法的规定外，还包括行政立法主体违反立法目的、怠于行使职权、立法程序违法等形式。行政立法责任制度的缺失，使得行政立法活动成了一种"无本买卖"，行政机关及其工作人员无需对行政立法所带来的后果承担法律责任，这就降低了行政立法的违法成本，加剧了行政立法的随意性，纵容了政府通过行政立法来实现行政垄断的行为。

---

[1] 参见胡乾坤："山西煤炭资源整合的法律经济学分析"，载《新西部（下半月）》2010 年第 3 期。

[2] 参见陈江："山西煤改中的浙江煤老板生存样本"，载《社会观察》2010 年第 1 期。

[3] 参见温晋锋："行政立法责任略论"，载《中国法学》2005 年第 3 期。

行政立法责任的缺失并不是因为立法疏忽，而是因为确立该项责任存在一定的客观困难，表现在以下几个方面：首先，行政立法并未对行政立法行为设定立法责任。尽管法律没有明确规定行政立法人员的特殊地位，但行政立法人员事实上享受着责任豁免的待遇。其次，行政立法本身是一种集体行为，如果需要承担立法责任，也是一种集体责任，难以确定立法人员个人的立法责任。再次，行政立法所带来的不良影响需要一定时间方可显现，在完成立法行为之初很难评估该项立法是否会造成不良影响，追究行政立法责任具有时滞性和不确定性。〔1〕

针对上述困难，设计行政立法责任制度时应该注意以下几个问题：第一，在追究行政立法责任时可以实行"双罚制"。行政立法是典型的集体行为、单位行为，可以比照刑法的规定，既追究行政立法主体的集体责任，也追究行政立法主管人员和其他公务人员的个人责任。第二，应该明确责任追究主体。追究行政立法责任的主体应当包括相应级别的权力机关和行政机关，除此之外，还应该赋予司法机关对行政立法的审查权。第三，应该明确行政立法责任的具体类型，包括撤销或者改变、责令自行纠正或者直接纠正、宣布无效、不予备案或者暂缓备案、赔偿等。

（二）《中华人民共和国反垄断法》立法缺陷

《中华人民共和国反垄断法》（以下简称《反垄断法》）作为规制垄断、维护竞争方面的基本法律，理应对政府滥用行政权力、限制竞争的行为进行规范。《反垄断法》第 8 条已有明确规定，"行政机关和法律、法规授权的具有管理公共事务职能的组织不得滥用行政权力，排除、限制竞争。"然而，《反垄断法》自颁布以来并未能在规制行政垄断方面大有作为，原因在于《反垄断法》对行政垄断的规制局限于对滥用行政权力排除、限制竞争的具体、抽象行政行为的禁止，〔2〕存在一些立法缺陷，表现在以下几个方面：

1. 规制标准的缺陷

《反垄断法》对于行政垄断的判断标准侧重于违法性判断，忽略了竞争性判断。《反垄断法》将行政垄断定义为行政机关和具有管理公共事务职能的组

---

〔1〕 参见温晋锋："行政立法责任略论"，载《中国法学》2005 年第 3 期。
〔2〕 参见张占江："弥补反垄断法行政垄断规制局限的制度方案——基于反垄断经济分析范式的修正"，载《中国价格监管与反垄断》2015 年第 1 期。

织滥用行政权力，排斥、限制竞争的行为。从这一界定中不难发现，判断行政垄断的实质标准应该是行政机关是否有排斥、限制竞争的行为，但按照该条文规定，这一行为必须符合一定的形式标准，即行政机关"滥用行政权力"。也就是说，立法者认为滥用行政权力应该作为排斥、限制竞争的前提性条件，必须首先符合这一条件的行为才可能被认定为行政垄断。这一规定为行政垄断的认定带来了困惑：首先，"滥用行政权力"意味着政府行为的内容或程序违反了法律法规的强制性规定。但在现实中，行政垄断往往以合法的形式表现出来。例如政府通过行政立法设定行政许可，再通过授予和收回行政许可的方式主导经济运行，这在内容上并不违背上位法的规定，且立法程序合法，但在客观上造成了竞争机制运行不畅的结果。其次，"滥用行政权力"要求政府具有主观故意，即明知自己行为会造成排斥、限制竞争的结果，仍然追求这一结果的发生。实践表明，政府对竞争造成损害往往是源于政府自身缺乏对竞争重要性的认知和对政策后果估计的不足，[1]政府行为原本是为了矫正市场运行的缺陷，但可能矫枉过正，造成了排斥、限制竞争的结果。

对此，立法应该确定对政府行为的竞争评估程序，全面评估政府行为对市场竞争的影响，将无正当理由排斥、限制竞争的政府行为认定为行政垄断。竞争评估是竞争主管机构或相关机构通过反垄断分析，评价拟订中的或现行的政策法规已经或可能对市场竞争产生的影响，判断这种影响的合理性，[2]针对不合理的政策法规提出替代性方案，力图在实现政策目标的前提下将对竞争的损害降到最低。

2. 规制手段的缺陷

我国《反垄断法》仅赋予反垄断执法机关针对行政垄断行为提出处理建议的权力。[3]尽管赋予反垄断执法机关针对行政垄断行为的建议权具有一定的积极意义，但这种"建议权"仅限于对垄断行为的调查和提议，对实施行

---

〔1〕 参见张占江："弥补反垄断法行政垄断规制局限的制度方案——基于反垄断经济分析范式的修正"，载《中国价格监管与反垄断》2015年第1期。

〔2〕 参见张占江："弥补反垄断法行政垄断规制局限的制度方案——基于反垄断经济分析范式的修正"，载《中国价格监管与反垄断》2015年第1期。

〔3〕 根据《反垄断法》第51条的规定，反垄断执法机关对行政性垄断行为可以以行政建议书和行政告诫书的形式表明对该行为的态度并提出处理建议，由实施该行为的行政机关的上级机关责令改正。

为的行政机关毫无约束力,上级机关可以采纳该建议,当然也可以不予理睬;更重要的是,规定由"上级机关"对行政机关排斥、限制竞争的行为予以处理的制度设计存在明显缺陷。因此,应当赋予反垄断执法机关调查和审理反垄断案件的权力,以保障《反垄断法》的统一适用。[1]这就要求其它法律的转型,以配合《反垄断法》对行政垄断行为进行规制。

四、行政垄断的基础

(一) 计划经济体制积重难返

我国长期实行的计划经济体制为矿业权行政垄断的形成提供了土壤。我国从20世纪50年代起逐步形成了高度集中的计划经济体制,该体制的特点就是把决策权力集中在各级政府及其职能部门手中,并将所有经济活动都纳入政府计划的范围之内。具体而言,一方面,政府通过制定国民经济发展计划,不仅调控宏观经济运行,而且管理微观经济活动(企业生产经营和居民的活动),一切供应和需求都要按照政府的指令性计划执行,企业并无生产经营决策的自主权;另一方面,在生产资料实行国家所有或国家控制集体所有的前提下,政府主导各种资源的分配过程,直接控制企业和个人的生产经营活动和消费活动。在计划经济体制下,自上而下的政府计划和行政命令成为支配社会生产经营活动的基本规范,天然气等资源的勘探、开采理所当然的处于政府行政管理之下,政府设置相应部门负责组织执行资源开采计划,同时管理资源开采活动,市场经济语境下的资源市场或资源产业根本不存在。与这种经济体制相对应,《反垄断法》意义上的"行政垄断"也是不存在的,因为资源勘探、开采本身就是政府管理的基本活动之一,市场竞争机制遭到彻底否认和排斥,政府根本不存在"滥用"行政权力排斥、限制竞争的必要和可能。

在特定历史背景下形成的计划经济体制,适应了我国社会主义工业化初期的经济条件和发展要求,有利于集中社会资源,保证重点项目建设,奠定社会主义物质基础,在新中国成立初期确实发挥了不可替代的作用。但是,

---

[1] 参见王晓晔:"行政垄断问题的再思考",载《中国社会科学院研究生院学报》2009年第4期。

随着经济规模扩大化、社会分工精细化、经济联系复杂化，计划经济体制的弊端日益凸显，计划僵硬、信息不对称、供需不均衡等积弊一度使我国经济发展陷入僵局。为此，十一届三中全会做出改革开放的重大决策，拉开了我国市场经济转型的序幕。

市场经济转型的基本目标是建立中国特色社会主义市场经济体制，该体制的核心是发挥市场机制的决定作用以替代政府对经济运行的严格管控，但在转型阶段，政府囿于计划经济体制下形成的路径依赖，其某些行为可能与市场经济转型的目标背道而驰。

与转型阶段政府权力在市场经济运行中的强势地位相匹配，我国矿产资源立法同样彰显了行政权的膨胀与扩张。无论是1986年的《矿产资源法》还是1996年对该法的修订，无不强调政府对矿产资源勘探、开采的严格管理，特别是对探矿权、采矿权授予和转让的严格管控。[1]法律修改的困难在某种程度上印证了推动矿业市场化转型、打破矿业权行政垄断的举步维艰。

（二）缺乏相应竞争机制

在改革开放初期，制度设计者注意到了产权和竞争的功能。在运用产权手段激活国有企业及其职工的同时，国家出台了关于保护和鼓励竞争的一系列法律、政策和规范性文件。第一个关于竞争的文件即国务院于1980年10月颁布的《关于开展和保护社会主义竞争的暂行规定》，比1979年7月国务院颁发的《关于扩大国营工业企业经营管理自主权的若干规定》只晚了1年零3个月，此时国有企业改革刚刚起步，处于扩大企业自主权的试点和推广阶段。在改革的过程中，尽管部分改革措施试图把产权与竞争相结合，但遗憾的是，这种通过产权改革来促进竞争的制度设计十分鲜见。不彻底的产权改革不仅不能推动有效竞争，反而造成了行政垄断盛行的状况。具有突破性的制度设计直到1999年9月才出现，当时十五届四中全会通过的《关于国有企业改革和发展若干重大问题的决定》，提出推进国有企业改革和发展必须坚持的十项指导方针，具体包括：从战略上调整国有经济布局和改组国有企业；改革同改组、改造、加强管理相结合；建立现代企业制度，实现产权清晰、权责明确、政企分开、管理科学，健全决策、执行和监督体系，使企业成为

---

[1] 例如《矿产资源法》第3条规定，"勘查、开采矿产资源，必须依法分别申请、经批准取得探矿权、采矿权，并办理登记"；第6条规定，"禁止将探矿权、采矿权倒卖牟利"。

自主经营、自负盈亏的法人实体和市场主体；建立企业优胜劣汰的竞争机制，实行鼓励兼并、规范破产、下岗分流、减员增效和再就业工程等。此后，又明确提出了国有经济退出一般竞争性领域的战略措施；还出台了鼓励、支持和引导非公有制经济发展的措施。尤其值得提及的是，国务院发布的《关于鼓励支持和引导个体私营等非公有制经济发展的若干意见》的核心措施就是，通过平等准入和公平待遇、允许进入垄断行业和领域等具体措施，放宽非公有制经济市场准入，消除影响非公有制经济发展的体制性障碍，确立平等的市场主体地位，实现公平竞争。[1]

(三) 干部考核制度潜在作用

除了计划经济体制的积重难返、缺乏竞争机制的深刻影响之外，我国实行的干部考核制度对行政垄断的形成同样具有潜在影响。

20世纪80年代初期我国实施领导干部选拔和晋升标准改革，将官员晋升与经济绩效挂钩。改革之后，干部考核制度突出强调官员"政绩"，将经济增长速度作为考核官员政绩的主要指标。政府官员作为理性经济人，具有将利益最大化的倾向，除了追逐经济利益之外，一些人更关注政治收益和职位晋升。为了实现职位升迁的目标，某些政府官员必然想方设法迎合政绩考核指标的要求，努力提高自己任期内的经济增长数据。某些政府官员在审批许可、做出决策、供给制度时，必然选择能够在短期内显现效果的政绩工程，防止出现为他人作嫁衣的"悲剧"。尽管从长期来看，市场竞争机制的确有助于经济效率的提升，但是在短期内对于经济指标的贡献并不明显，且在转型阶段难免会出现一些无序竞争的混乱局面。相比之下，运用行政命令的方式推动大型企业合并、重组、上市，并凭借政府信用帮助国有企业负债经营、扩大规模、多元化发展，能够在短期内实现经济指标的爆炸式增长，更加符合政府官员的利益诉求。

如果说政府官员是构成政府部门的细胞，那么改变对政府官员的激励就应该成为遏制行政垄断的关键环节。官员考核制度为政府官员提供基本激励，推动官员考核制度的转型能够影响官员的决策。为实现打破行政垄断的目标，官员考核制度的转型应该着眼于削弱保护主义动机，改变过去单一的经济

---

[1] 参见温观音："产权与竞争：关于行政垄断的研究"，载《现代法学》2006年第4期。

增长速度指标，更加关注经济发展的有效性、竞争性、创造性；指标的评价应建立在实际经济情况的基础上，而不能强行提高经济增长速度。政绩考核应将上级政府的考核同非政府组织的考核、当地居民的满意度结合起来。

竞争市场构建牵引矿业权公平分配

第一节 市场竞争比政府分配更公平

一、审批制度的影响

矿业权经政府审批取得是我国矿业权取得的法定方式。[1]全国人大以立法的形式明确授予政府对勘探、开采矿产资源的审批权力，确立了政府主导矿业权分配的法定地位。基于矿业权审批制度对于矿业权分配结果的重要影响，本部分内容拟对该制度的历史、现状、成因及缺陷进行考察。

（一）矿业权审批制度历史和现状

1. 矿业权审批制度的历史演变

新中国成立开启了我国矿业立法的新纪元。1950年颁布实施的《矿业暂行条例》明确规定探矿、采矿实行中央一级审批制度，该制度在我国计划经济时期一直存续。改革开放之后，为了促进矿产资源开发利用、充分调动地方积极性，1986年《矿产资源法》针对采矿权建立了中央和地方分级审批制度，[2]对探矿权仍实行中央一级审批制度。[3]1987年国务院颁布的

---

[1] 作为引导矿业发展、管理资源开采的基本法律，《矿产资源法》第3条明确规定，"勘查、开采矿产资源，必须依法分别申请、经批准取得探矿权、采矿权，并办理登记"。

[2] 1986年《矿产资源法》按照矿山企业性质和批准开办机关来划分中央和地方各级管理部门对采矿权的审批权限。

[3] 参见许书平、孔宁、车如风："我国矿业权分级审批制度研究"，载《中国矿业》2016年第5期。

《矿产资源勘查登记管理暂行办法》确立了探矿权中央与地方分级审批制度。[1]

1996年全国人大常委会修订《矿产资源法》，认可了采矿权中央和地方分级审批制度，[2]探矿权则保留中央一级审批制度。1998年国务院颁布的《办法》进一步明确了探矿权中央与地方分级审批的边界。[3]与此同时，《办法》和《矿产资源开采登记管理办法》规定国务院地质矿产主管部门可以授权省级地质矿产主管部门审批探矿权、采矿权。此后，国家多次对矿业权审批权限进行调整，大致分为审批权下放、上收和下放三个阶段：[4]①1998年至2005年期间，国土资源部大幅下放矿业权审批权限。[5]尽管下放审批权限的初衷在于促进矿业发展，但由于矿业权审批权限下放得过快、过急，部分地区出现市场混乱的状况。因此，2005年8月，按照国务院的要求，各级政府部门对矿产资源开发秩序进行整顿，并对已经进行的审批授权进行清理，重新授予审批权力。[6]②2005年年底至2009年期间，国土资源部开始上收矿业权审批权限。[7]矿业权审批权限的大幅上收，使得国土资源部必须在矿业权审批事项上消耗大量时间和精力，不仅影响了国土资源部的宏观调控工作，而且打击了地方政府的热情。③2010年以来，国土资源部再次下放矿业权审批权限。[8]

---

[1] 《矿产资源勘查登记管理暂行办法》规定国务院地质矿产主管部门和由其授权的省级地质矿产主管部门是矿产资源勘查登记工作的管理机关，通过建立探矿权授权审批制度，确立了探矿权中央与地方分级审批制度。

[2] 1996年《矿产资源法》按照矿种、矿区和矿产储量规模划分采矿权的审批权限。

[3] 《矿产资源勘查区块登记管理办法》依据矿种、投资勘查主体性质、勘查区域等划分国务院地质矿产主管部门和省级地质矿产主管部门对探矿权的审批权限。

[4] 参见许书平、孔宁、车如风："我国矿业权分级审批制度研究"，载《中国矿业》2016年第5期。

[5] 1998年至2005年期间，国土资源部先后将34个重要矿种中，勘查投资小于500万元人民币的探矿权、除特定矿种外其余矿种的采矿权等审批权限下放给省级国土资源主管部门。

[6] 参见许书平、孔宁、王升辉："合理划分矿业权审批权限探析"，载《中国矿业》2014年第12期。

[7] 2005年年底至2009年期间，国土资源部先后将煤炭勘查项目面积30km^{2}以上的探矿权、部分重要矿种矿床储量规模达到大型以上的采矿权、钨和稀土矿业权等审批权限上收。

[8] 2010年以来，国土资源部开始探索按照"部控省批"的模式，全面授权试点省厅审批煤炭矿业权；授权省厅审批整装勘查区内探矿权。

2. 矿业权审批制度的现实状况

1996年修正的《矿产资源法》以及1998年颁布实施的三个配套法规，建立了探矿权实行两级、采矿权实行四级审批的制度，同时建立了国务院地质矿产主管部门可授权省级地质矿产主管部门审批矿业权的制度。具体而言，我国探矿权和采矿权审批制度的现状如下：

（1）探矿权审批制度现状

按照矿产资源法律法规的规定，探矿权实行国务院和省级地质矿产主管部门两级审批制度，自然资源部负责跨省级行政区、海域、外商投资和35个重要矿种矿产资源勘查审批工作。[1]

实践中，自然资源部通常会对部分探矿权的审批权限进行授权。除石油、天然气、页岩气、煤层气、铀矿、钨、稀土等7种矿产的勘查仍必须由自然资源部审批外，自然资源部将35个重要矿种探矿权按其重要性水平进行分类授权，把二氧化碳、地热、硫、金刚石、石棉、矿泉水等6种矿种的勘查审批权限全部下放；把勘查面积小于30km^{2}的煤炭勘查，勘查计划投资金额小于500万元的金、铁、铜、铝、铅、锌等19种矿种勘查，勘查面积小于15km^{2}且勘查计划投资金额小于500万元的锑、锡等2种矿种的勘查审批权限下放；外商投资勘查的审批权限，按内资勘查规定的审批权限进行审批登记。

（2）采矿权审批制度现状

按照矿产资源法律法规的规定，采矿权实行国务院、省、市、县四级审批制度，自然资源部负责海域、外商投资、35个重要矿种、国家规划矿区和对国民经济具有重要价值的矿产资源开采的审批工作。[2]

实务中，自然资源部对部分采矿权的审批权限进行授权。除保留石油、天然气、页岩气、煤层气、铀矿、钨、稀土等7种矿产的开采审批权外，自然资源部将35个重要矿种按其对国民经济及社会发展的重要性进行分类授权，将二氧化碳、地热、硫、石棉、矿泉水等5种矿种的采矿权审批权限全部下放；将井田储量小于1亿吨（焦煤井田储量小于5000万吨）的煤炭开采，矿床储量规模小型以下的锡、锑等2种矿种开采，矿床储量规模中型以

---

〔1〕 参见许书平、孔宁、车如风：“我国矿业权分级审批制度研究”，载《中国矿业》2016年第5期。

〔2〕 参见许书平、孔宁、车如风：“我国矿业权分级审批制度研究”，载《中国矿业》2016年第5期。

下的金、铁、铜、铝、铅、锌等20种矿种的开采审批权下放；外商投资开采的审批权限，按内资开采规定的审批权限进行审批登记。

（二）矿业权审批制度缺陷和成因

1. 矿业权审批制度的缺陷

矿业权审批是指自然资源管理机关根据自然人、法人或者其他组织提出的申请，经依法审查，准予其从事矿产资源勘探、开采的行为。[1]即使申请人符合法定条件，也不一定能够获得相关机关的批准。[2]从这一定义中可以看出，行政审批机关对于矿业权的取得具有决定权，可以批准，也可以不批准申请人的申请，这种决定权具有严重缺陷，带来了一系列不利影响，可归纳为以下两个方面：

首先，矿业权审批制度造成了政府行政权力对矿业权取得的过度干预，政府的审批、主导、决定权力是导致矿业权不公平分配的症结所在。按照法律规定，申请人资质认定，矿业权的取得、审批、登记、延续、评估等各环节都必须经过国家行政主管部门批准才能完成。审批权力的法律授予，监督机制的不当缺失，使得政府部门可以根据所有制性质，任意选取矿业权申请人。尽管《探矿权采矿权招标拍卖挂牌管理办法（试行）》（以下简称《办法（试行）》）规定，新设探矿权、采矿权应该采用招标拍卖挂牌的方式授予，但在实践中往往流于形式。

其次，矿业权审批制度本身存在下位法与上位法相冲突的弊病。根据《矿产资源法》的规定，经政府审批取得是我国矿业权取得的唯一合法方式。[3]然而，2003年出台的《办法（试行）》第7条、第8条规定，符合条件的新设

---

[1] 参见王克稳："我国行政审批与行政许可关系的重新梳理与规范"，载《中国法学》2007年第4期。

[2] 2001年国务院审改办发布的《关于贯彻行政审批制度改革的五项原则需要把握的几个问题》（国审改发[2001]1号）规定，行政审批是指"行政审批机关（包括有行政审批权的其他组织）根据自然人、法人或者其他组织提出的申请，经依法审查，准予其从事特定活动、认可其资格资质、确认特定民事关系或者特定民事权利能力和行为能力的行为"。另外，2001年国务院审改办发布的《关于清理行政审批项目的通知》（国审改发[2001]2号）附件3中规定，行政审批"系指行政审批机关对申请人报批的事项进行审查，决定批准或者不予批准的行为，申请人即使符合规定的条件，也不一定获得批准"。

[3]《矿产资源法》第3条明确规定，"勘查、开采矿产资源，必须依法分别申请、经批准取得探矿权、采矿权，并办理登记"。纵观《矿产资源法》，除了该条文之外，并未发现其他的矿业权取得方式。

探矿权、采矿权，主管部门应当以招标拍卖挂牌的方式授予。尽管《办法（试行）》的规定是我国矿业权取得方式的重大创新，突破了《矿产资源法》多年的窠臼，对推动矿业权取得的市场化意义重大，但《办法（试行）》属于部门规章，是《矿产资源法》的下位法，《办法（试行）》的突破性规定无疑违反了上位法的要求。这种立法冲突，使得包括页岩气探矿权招标在内的市场化分配方式缺乏合法基础。

2. 矿业权审批制度的成因

《行政许可法》对行政审批的规制不足，是导致矿业权审批制度长期存在的主要原因。首先，《行政许可法》对行政许可的界定过于模糊。一方面，该法对行政许可的定义过于简单，[1]难以据此判定行政许可行为；[2]另一方面，该法对可以设定行政许可的事项范围规定得过于宽泛，给行政机关留下了巨大的解释空间。[3]其次，《行政许可法》未能厘清行政许可与行政审批之间的关系。

对于行政许可与行政审批之间的关系，立法并未明确规定，学者也是众说纷纭，有人认为二者就是同一行政行为，有人认为二者处于并列关系，有人认为二者之间是从属关系，不一而足。但可以肯定的是，不能将行政许可与行政审批视为同一行政行为，这是因为《行政许可法》对行政许可的定义与国务院审改办对行政审批的定义并不完全一致；至于两者之间是并列关系还是从属关系，确实存在争议。正是由于两者之间的关系处于法律上的"灰色地带"，使得大量行政审批能够以"非许可审批"的面目出现，成功规避《行政许可法》的规制。

具体到矿产资源勘探开采环节。《行政许可法》第12条的规定，对有限自然资源的开发利用，可以设定行政许可，据此似乎应该将《矿产资源法》规定的矿业权审批理解为行政许可。但如果真这样理解，就会发现我国矿业权审批存在违反《行政许可法》之嫌：[4]第一，公平原则是设定和实施行政

---

[1]《行政许可法》第2条将行政许可定义为"行政机关根据公民法、法人或其他组织的申请，经依法审查，准予其从事特定活动的行为"。

[2] 参见王克稳："我国行政审批制度的改革及其法律规制"，载《法学研究》2014年第2期。

[3] 参见《行政许可法》第12条。

[4] 参见王克稳："我国行政审批与行政许可关系的重新梳理与规范"，载中国法学会行政法学研究会主编：《行政管理体制改革的法律问题——中国法学会行政法学研究会2006年年会论文集》，中国政法大学出版社2007年版，第575~585页。

许可时应遵循的基本原则,[1]然而《矿产资源法》却对国有企业和非国有企业实行差别待遇,[2]实践中,行政机关将主体矿区矿业权授予了国有企业,对民营企业的矿业权申请则置若罔闻,这显然违背了行政许可设定、实施应遵循的公平原则。第二,《行政许可法》允许行政机关为了社会公共利益,撤销已生效的行政许可,但必须补偿因此给相对人带来的财产损失。[3]由于法律未能明确规定补偿标准,造成实践中这种补偿往往只具有"象征意义"。前述山西煤炭能源整合的案例中,民营企业所得到的补偿根本难以弥补其损失,导致大量民营资本在整合中蒸发,与《行政许可法》的精神背道而驰。

二、市场效率揭示公平分配内涵

相比于政府,市场是更为公平的制度安排,这是因为市场比政府更能高效地配置资源,践行罗尔斯的差别原则。然而,我国对市场作用的认识停滞于市场配置资源的高效功能,忽略了市场实现公平的内在属性。本部分内容试图利用罗尔斯的差别原则,来搭建市场效率与公平的桥梁。

(一)提升市场效率等于实现公平

市场机制的效率和公平是内在统一的,之所以说市场比政府更为公平,正是因为市场能够更为高效地配置资源,践行差别原则。差别原则是罗尔斯正义论的基本原则之一。按照差别原则的要求,如果一个社会的分配制度能够提高境况最差者的待遇,那么该种分配制度就是公平的。具体到页岩气产业,我国页岩气产业尚未全面实现商业化开发,页岩气产量与预期目标相去甚远,页岩气供给量远未满足消费需求,更妄谈替代传统的石油、天然气资源。在这种情况下,能够提升页岩气勘探开发效率,提高页岩气产量,满足消费需求的矿业权分配制度,就是符合差别原则的公平制度。

相比于政府,市场是更为高效的资源配置模式,在矿业权分配过程中发挥

---

[1] 根据《行政许可法》第5条规定,设定和实施行政许可,应当遵循公开、公平、公正的原则。

[2] 如《矿产资源法》第4条和第35条对国有企业和非国有企业的地位进行区分,将国有企业作为开采矿产资源的主体。

[3] 参见张子喜:"《行政许可法》适用范围限缩的原因与对策",载《河南教育学院学报(哲学社会科学版)》2009年第5期。

市场的决定作用，有助于提升能源开发效率，提高页岩气产量，满足底层消费者的需求，因此市场是比政府更为公平的制度安排。正如萨缪尔森所说，在资源配置和使用上，市场比政府更有效率，更有创造性，更具活力和广泛性。[1]无论是从静态效率（即实现产出或产品和投入或成本之间的更高比率）角度看，还是从动态效率（即随时维持更高的经济增长率）角度看，作为一种普遍的资源配置机制，市场都比政府指令性计划做得更好。[2]市场与政府在配置资源方面存在效率差异，关键原因在于二者的信息处理机制不同，政府在制定计划时存在信息不充分的缺陷。

价格信息提供市场经济的基本激励，在市场配置资源过程中发挥着至关重要的作用。市场是买者和卖者相互作用并共同决定商品、劳务和资产的价格以及交易数量的机制，[3]市场经济的本质是由个人和私人企业决定生产和消费的经济制度。[4]中国市场经济转型的基本方向就是实行普遍的经济分权，允许发展私人市场，建立民主集中制政治与自由经济混合发展的政治经济体制。[5]激励是市场经济的核心，个人和企业在决定生产和消费时，必须以市场提供的激励作为行动依据。价格、利润所提供的信息构成市场经济的基本激励。价格可以提供不同商品相对稀缺性的信息，追逐利润的个人和企业会对价格信息作出反应，通过最有效（使用稀缺资源最少）的方法生产商品来满足消费者需求，同时增加其利润。[6]

相比之下，尽管政府计划同样可以利用价格信息来引导经济发展，但却存在严重的缺陷。计划经济体制的构造者本希望模仿市场经济运行，以估算得出的"影子价格"来取代市场价格，通过制定精细的计划生成信息，为生产

---

[1] 参见［美］保罗·萨缪尔森、威廉·诺德豪斯：《经济学》，萧琛译，商务印书馆2013年版，第4页。

[2] 参见［美］查尔斯·沃尔夫：《市场，还是政府》，谢旭、陆俊译，重庆出版社2009年版，第150页。

[3] 参见刘伟："均衡价格定理的三个悖论"，载《当代经济研究》2017年第1期。

[4] 参见［美］保罗·萨缪尔森、威廉·诺德豪斯：《经济学》，萧琛译，商务印书馆2013年版，第7页。

[5] 参见［美］蒂莫西·耶格尔：《制度、转型与经济发展》，陈宇峰、曲亮译，华夏出版社2010年版，第184页。

[6] 参见［美］约瑟夫·E. 斯蒂格利茨：《经济学》，郭庆旺译，中国人民大学出版社2010年版，第28页。

和分配提供激励。[1]然而，政府定价的构想看似精妙，操作起来却十分困难，政府定价往往无法反映资源稀缺程度，价格控制易导致资源过剩或短缺，非市场价格也可能传递扭曲的产品质量信息。[2]总之，由于政府不可能收集有关市场供需的全部信息，这就使得政府制定的价格和计划必然存在着盲目性。

（二）我国对市场作用的认识过程

我国对市场作用的认识停滞于市场配置资源的高效功能，忽略了市场实现公平的内在属性，这从市场经济体制在我国的确立过程中可见一斑。

1. 市场在计划经济体制外发展（1956~1978年）

（1）消灭市场，建立高度集中的计划经济体制[3]

新中国成立初期，市场机制不仅存在，而且对经济恢复发挥了重要作用。但是，市场机制也带来了物价暴涨、通货膨胀等问题，为了稳定物价，政府采取统一调配物资的措施，在平抑市场波动的过程中，逐步形成了有计划的价格体制、财政体制、金融体制、分配体制，计划经济体制的基本框架初见端倪。1953年起，中国开始实施第一个五年计划，"三大改造"标志着计划经济体制基本建立。

（2）高度集中的计划经济体制外的市场

尽管建立了计划经济体制，但中央领导对个体经济、私营经济并不排斥，自由市场仍然活跃。然而，这一时期市场机制的作用极为有限，游离于计划经济体制的边缘。

2. 市场从辅助向决定地位转变（1978年至今）

改革开放之后，市场机制的合法性得到承认，市场经济转型更是逐步成为国家战略。市场地位的变化主要经历以下几个阶段：

---

[1] 参见[美]约翰·C.伯格斯特罗姆、阿兰·兰多尔：《资源经济学》，谢关平译，中国人民大学出版社2015年版，第41~42页。

[2] 参见[美]约瑟夫·E.斯蒂格利茨：《经济学》，郭庆旺译，中国人民大学出版社2010年版，第338页。

[3] 参见叶秀娟："中国'市场'地位的变迁及其启示"，载《当代世界与社会主义》2015年第2期。

(1) 计划经济为主、市场调节为辅[1]

1978年中共十一届三中全会提出尊重价值规律的作用，为承认市场经济合法性提供了战略指引。1982年中共十二大报告提出了"计划经济为主、市场调节为辅"的经济发展原则，计划经济是国民经济的主体，计划之外的部分允许市场调节。

(2) 有计划的商品经济

1984年中共十二届三中全会通过了《关于经济体制改革的决定》，[2]明确提出社会主义经济是有计划的商品经济，是在国家计划指导下的商品经济。该《决议》将土地、矿山等自然资源排除市场机制的调节范围之外，仅允许农产品、日用品等商品按照市场规律进行生产和交换，把市场机制的作用范围限制在商品领域，并不包括生产要素。1987年10月，中共十三大报告指出，有计划的商品经济应该追求计划与市场的内在统一，计划和市场作用的范围都是覆盖全社会的，[3]强调市场和计划一样都是资源配置的方式。

(3) 市场在资源配置中起基础性作用

中共十四大明确提出建立社会主义市场经济体制，在国家宏观调控下使市场在资源配置中发挥基础性作用。1993年中共十四届三中全会通过《关于建立社会主义市场经济体制若干问题的决定》，规定了社会主义市场经济体制的基本框架。[4]中共十八大提出"要在更大程度、更广范围发挥市场在资源配置中的基础性作用"[5]。

(4) 市场在资源配置中起决定性作用

2013年十八届三中全会提出"使市场在资源配置中起决定性作用"。中共十九大同意将"发挥市场在资源配置中的决定性作用"写入党章。

---

[1] 参见叶秀娟：" 中国'市场'地位的变迁及其启示"，载《当代世界与社会主义》2015年第2期。

[2] 参见毛传清："中国社会主义市场经济发展的六个阶段"，载《中南财经政法大学学报》2004年第4期。

[3] 参见杨圣明："中国经济体制改革的历程"，载《百年潮》2004年第3期。

[4] 参见谷春祥："马克思主义经济运行理论中国化研究"，载《科学社会主义》2007年第1期。

[5] 参见叶秀娟："中国'市场'地位的变迁及其启示"，载《当代世界与社会主义》2015年第2期。

三、市场竞争构成市场效率源泉

市场效率源于多元产权主体的竞争，竞争机制构成市场经济的动力源泉，因此，竞争机制是提高效率，推进公平的关键环节。本部分内容将探讨竞争机制在市场经济运行中的作用。竞争机制对于提升市场效率的作用主要表现在以下几个方面：

第一，市场竞争是形成是市场价格的核心环节。前已述及，价格信息提供市场经济的基本激励，引导市场供求，促进资源优化配置。然而，价格信息并非市场经济的专属物，政府指令性计划同样可以通过价格信息来指导经济发展。那么，为什么通过政府计划配置资源的效率低于市场机制呢？事实上，是否具有价格信息并非政府与市场配置资源效率高低的关键因素，价格信息的形成机制才是决定效率高低的核心环节。通过多元产权主体公平竞争自发形成价格信息，正是市场经济的优势所在。在实现帕累托效率的完全竞争市场中，所有市场主体都是价格接受者，供给侧和需求侧的市场主体在技术、信贷、信息等多个方面展开竞争，最终决定市场均衡价格。计划经济体制下，中央政府无法获取市场主体偏好的充分信息，在制定计划和分配资源时难免具有盲目性的缺陷；而在竞争性市场中，市场主体却能根据自身偏好，依据价格信息参与市场竞争，[1]自主配置资源。计划体制的设计者高估了价格的作用，却低估了竞争机制的重要性，[2]最终造成政府与市场的效率差距。

第二，市场竞争以产权公平和充分保护为前提，具有抑制政府权力专断的制度功能。市场主体参与市场竞争的前提是个人财产权利得到清晰界定和充分保护。个人财产权利的清晰界定，促使市场主体利用市场交易机制，凭借独特知识进行理性决策，参与市场竞争，在追求个人财产保值增值的同时，推动整个社会资源的优化配置；个人财产权利的充分保护，使得市场主体能够排除他人，特别是政府对其产权的侵害，形成对国家公权力的限制。[3]具体而言，在竞争性市场中，政府对微观经济活动的干预必然触及特定市场主

---

[1] 参见[美]曼昆：《经济学原理》，梁小明等译，北京大学出版社2015年版，第10页。

[2] 参见[美]约瑟夫·E.斯蒂格利茨：《社会主义何处去——经济体制转型的理论与证据》，周立群等译，吉林人民出版社1998年版，第94页。

[3] 参见王兆斌："体制转型进程中的利益集团研究"，中国社会科学院研究生院2012年博士学位论文。

体的利益，市场主体因而具有强烈动机，为保护自身利益对抗政府的不当行为。市场主体凭借依法取得的财产性权利，在市场竞争中结成利益群体，对政府权力进行监督和约束，成为制约政府的潜在力量，从这种意义上来说，市场竞争不仅具有对市场主体的引导功能，而且具有对政府行为的治理功能。

第三，市场竞争机制为人们提供生产性激励，促使市场主体为了应对竞争进行理性决策，具有抑制利益群体从事分利行为的内在功能。利益群体热衷于寻租等分利行为而不是创新等生产行为，根本原因在于寻租所得收益高于创新所得收益，且寻租的成本更低、风险更小。在竞争性市场中，政府权力遭到削弱，寻租活动难以为利益群体带来预期收益，市场主体只能通过市场竞争才能获得超额利润。唯有具备创新精神的市场主体才能在市场竞争中脱颖而出，获得持久回报，建构竞争优势。这种回报和优势反过来构成了利益群体从事非生产性活动的机会成本，为群体的潜在成员评估集体行动的收益和成本提供了必要标准和信息。此外，在竞争性市场中，随着各个利益群体之间的激烈竞争，超额收益会逐渐消失，社会福利分配趋于均等。当利益群体成员能够预见到这种利益竞争的均等化收益结果时，就会发现从事分利行动相对于生产性努力得不偿失，从而主动减少参与分利行为的频率或投入。

第二节 竞争市场公平分配资源租金

一、租金基于所有权而产生

租金理论是古典经济学的重要组成部分，该理论主要涉及租金的定义及来源、租金的形式及数量两个问题。关于租金的定义和来源，亚当·斯密指出，租金或者说地租，是为了使用土地而支付的价格，是土地所有权确立的结果。正是因为土地所有者拥有土地所有权并能排除他人对权利的侵害，所以他人使用土地才必须支付租金。[1]在亚当·斯密的租金理论中，土地只是

---

[1] 参见张曙光："试析国有企业改革中的资源要素租金问题——兼论重建'全民所有制'"，载《南方经济》2010年第1期。

一种代称，泛指所有的资源，如土地资源、矿产资源、水资源等。

在现代经济学中，租金理论的地位明显衰落，原因有三：第一，随着边际理论的发展，租金理论所解决问题逐渐为边际效用分析框架所替代；第二，随着市场制度的扩展，资源也可以作为商品在市场上进行交易，因此资源要素的价格与资本、劳动要素一样，应该按照未来的预期效用来评估；第三，主流经济学家主要关注实证问题，而不是租金一类的社会伦理问题。[1]

尽管租金理论的地位大不如前，但仍然在两个领域内拥有重要影响力：一是根据租金的分配而产生的寻租理论。该理论用于分析一切耗费资源、影响公共政策以获得对自己有利的社会财富转移支付的行为。[2]寻租理论所涉及的都是非市场过程中的纯粹转移支付，其"租金"概念与传统租金理论的"租金"概念并不完全相同。二是自然资源的租金。除了规定资源所有权人有权向资源开采者收取租金外，各国通常对市场主体可以获得的资源数量加以限制，原因有三：首先，自然资源本身具有稀缺性，无限制的开发利用自然资源易造成其枯竭；其次，考虑资源的开采成本。在既定的技术水平与自然环境条件下，开采资源的边际成本会随着开采数量而上升；最后，考虑资源所有者在开采量上的动态最优配置。[3]

二、资源租金应由全民共享

(一) 资源租金源于资源所有权

依据租金的概念，页岩气资源租金是资源所有权人凭借所有权收取的货币收益，所有权人将资源处分给想要投资进行资源勘探开采的主体，由开采主体向所有权人支付一定的货币金额。[4]显然，在页岩气资源租金关系中有三个基本要素，包括资源所有权、页岩气资源和想要开采资源并愿意支付货币金额的开采主体，这三个要素对资源租金来说缺一不可。页岩气资源租金

---

[1] 参见张曙光："资源要素租金与国有企业改革——兼论重建'全民所有制'"，载《"市场化三十年"论坛论文汇编（第二辑）》2008年8月。

[2] 参见张曙光："试析国有企业改革中的资源要素租金问题——兼论重建'全民所有制'"，载《南方经济》2010年第1期。

[3] 参见张曙光："试析国有企业改革中的资源要素租金问题——兼论重建'全民所有制'"，载《南方经济》2010年第1期。

[4] 参见肖国兴："论国家煤炭资源所有权的实现（上）"，载《煤炭经济研究》1993年第2期。

的形成具有以下三个特点：

第一，页岩气资源租金是资源所有权行使的结果。作为完全物权，所有权拥有占有、使用、处分、收益四项权能，其中处分和收益是最重要的权能，这两项权能在资源租金的形成过程中发挥了至关重要的作用。页岩气资源所有权本身不会自动带来租金，只有当所有权人向开采主体让渡资源时，才能获得租金。如果所有权人不处分页岩气资源，资源的价值和价格就无从表现，所有权也无任何收益，在经济上就没有价值。[1]

第二，页岩气资源租金是市场交易的结果。只有通过市场交易，才能发现作为页岩气资源等价物的相应商品。既然如此，资源租金的产生或资源价值的实现，必然依赖于页岩气资源需求量和供给量的增加。[2]只有首先构建资源市场，促成资源交易，页岩气资源的所有权人和采矿主体才能各取所需，一方收取资源租金、实现资源价值，另一方获得资源产品或者实现资源使用价值。

第三，页岩气资源租金是页岩气资源效用实现的结果。页岩气资源的使用价值或者说经济效用是其价值实现的前提条件。正是因为页岩气资源具备经济效用，所以市场主体竞相投资页岩气开采，积极参与矿业权竞争。如果该项资源不具有经济效用，将其转化为资源产品后难以通过市场交易，那么投资者自然也不愿支付资源租金来从事页岩气开采活动。由此可见，页岩气资源的经济效用和使用价值是资源交换价值的物质承担者，构成资源交易的物质基础。[3]

（二）国家所有权正名租金共享

既然页岩气资源租金是资源所有权行使的结果，那么资源租金理应归属于资源所有权人。我国《宪法》第9条规定，矿产资源归国家所有，即全民所有。从该条规定来看，一方面，《宪法》确立了矿产资源的国家所有权制度，页岩气资源作为一种矿产资源，理应归国家所有，资源租金当然也应该归国家所有；另一方面，《宪法》明确了全体中华人民共和国公民的资源所有权人身份。那么国家所有和全民所有的关系如何？资源租金是否应该由全民

---

[1] 参见肖国兴："论国家煤炭资源所有权的实现（上）"，载《煤炭经济研究》1993年第2期。
[2] 参见肖国兴："论国家煤炭资源所有权的实现（上）"，载《煤炭经济研究》1993年第2期。
[3] 参见肖国兴："论国家煤炭资源所有权的实现（上）"，载《煤炭经济研究》1993年第2期。

第三章 竞争市场构建牵引矿业权公平分配

共享呢？这就必须研究对自然资源创设产权的目的，以及创设国家所有权的原因。

对自然资源创设产权的首要目的是保护和合理利用自然资源。随着科学技术的进步，社会经济的发展，无论从广度上还是深度上看，人类对自然资源的使用需求都在不断增加。然而，许多资源并不是取之不尽用之不竭的，根据自然资源的特征，可以将其分为四种类型：[1]第一，可再生且非耗竭性资源，如风能、太阳能等。这些资源本身具有再生能力，且无论人类如何消耗都不会枯竭；第二，可再生但可耗竭性资源，如野生动植物资源、水资源等。尽管野生动物可以不断繁衍，水资源也可以循环使用并具有自净能力，但过度地捕捞、采集、汲取，超过野生动物的繁衍速度和水资源的自净能力，也会导致野生动物灭绝和水资源枯竭；第三，不可再生但非可耗竭性资源，如土地、海域等。这些资源本身不具有再生能力，在人类现有条件下也不能使其枯竭，但过度使用会造成价值贬损；第四，不可再生且可耗竭性资源，矿产资源正属于此类。在可预见的未来，矿产资源不可能再生，且随着人类使用量的增加而不断减少。从上述分类可以看出，绝大多数资源的不合理开发均会导致资源枯竭或价值贬损的后果，[2]诱使人类进行不合理开发利用的重要原因正是产权不明。缺少排他性的产权安排，自然资源极易陷入"公地悲剧"，人们争相开采资源，生怕落后，完全忽略资源效率和可持续利用。正因如此，通过创设产权来保护自然资源，促进自然资源的合理开发利用为众多学者所认可。

然而，就创设产权的类型，学者们提出的方案却大相径庭，主要争点在于是在自然资源上设定公有产权还是私有产权。法经济学家提出，确立私有产权是提高自然资源使用效率的最优选择。他们认为，建立自然资源私有产权制度，有助于克服外部性问题，激励私有产权主体采用各种方式保护自己的自然资源，防止他人对资源的侵害，并对自然资源的开发利用做出合理安排，以提升资源效率。一些法学领域的学者也认同上述观点。毫无疑问，如果仅考虑资源配置效率，那么私有产权确实更具优势，但在对自然资源设定

---

[1] 参见王克稳："论自然资源国家所有权的法律创设"，载《苏州大学学报（法学版）》2014年第3期。

[2] 参见王克稳："论自然资源国家所有权的法律创设"，载《苏州大学学报（法学版）》2014年第3期。

私有产权的过程中却会遭遇困境。[1]如果对某种自然资源设定私有产权,那么该种自然资源必须能够符合法学研究中"物"的特征,即能够为人所控制、能够特定化。然而大多数自然资源都不满足"物"的条件,它们或者具有流动性,或者储量存在不确定性,或者具有无形性,这些特性使得对其创设私有产权即使不是不可能的,也是十分困难的。因此,在自然资源上设定公有产权成为大多数国家立法的现实选择。

国家所有权是公有产权的典型代表,规定自然资源归国家所有的目的有两个:一是为了强调自然资源归全体公民共同所有,理应为全体公民创造财富。现代意义上的国家并非国王,更非政府,而是全民的代表或集合,自然资源国家所有本质上是全民所有。[2]二是为了对自然资源开发利用实施管理,充分保护自然资源。尽管自然资源归全民所有,但全民不是法律主体,无法直接管理和保护自然资源。相比之下,国家则可以通过政府机构来组织对自然资源的管理和保护工作,履行对自然资源的管理与保护职责。

由于创设目的的差异,资源国家所有权与民法上的所有权存在显著不同,这从资源国家所有权的特征上可见一斑:首先,在权利主体方面具有双重性,自然资源实行国家与全民的双重所有,法律上是国家所有,实质上是全民所有。[3]其次,在权利内容方面亦具有双重性,既是一种财产权利,可以授权他人开发并收取租金;又是一种行政管理权力,可以对勘探开发活动实施监督管理。最后,在行权方式方面,国家机关以行政特许的方式授权单位或个人勘探、开采自然资源,将许可和禁止等公法手段作为资源国家所有权的典型实现形式。

综上所述,创设资源国家所有权的主要目的在于管理和保护全民所有的自然资源。资源国家所有权意味着资源在法律上归国家所有,在实质上归全民所有。正因如此,基于资源所有权而产生的资源租金,当然应该由全体人民共享。

---

[1] 参见王克稳:"论自然资源国家所有权的法律创设",载《苏州大学学报(法学版)》2014年第3期。

[2] 参见王克稳:"论自然资源国家所有权的法律创设",载《苏州大学学报(法学版)》2014年第3期。

[3] 参见王克稳:"论自然资源国家所有权的法律创设",载《苏州大学学报(法学版)》2014年第3期。

三、租金共享依赖市场竞争

为了实现资源租金的全民共享和公平分配，必须在矿业权分配环节构建竞争性市场，通过市场竞争来替代政府主导的矿业权分配模式。价格竞争是市场竞争的基本形态，构建竞争性市场的前提是资源的有偿取得和使用。我国现行资源有偿使用制度存在诸多缺陷，早已无法满足构建竞争性市场的需要，亟待转型。本部分内容首先介绍我国现行的矿产资源有偿使用制度，再分析其缺陷，进而提出以权利金为核心，重建矿产资源有偿使用制度的构想。

（一）资源有偿使用制度的形成及缺陷

价格竞争是市场竞争的基本形态，想要在矿业权取得环节构建竞争性市场，首先要承认并尊重矿业权的财产权属性，完善矿产资源有偿使用制度，要求任何市场主体在支付资源租金之后才能取得矿业权，从而发挥价格机制的引导和激励作用。

我国与矿产资源有偿使用有关的税费包括资源补偿费、资源税、探矿权使用费和采矿权使用费四项。这四项税费，既不能充分反映资源价值，又不能涵盖资源租金的数额，无法为矿业权竞争性市场的建立提供支持。以下区分不同的税费形式，逐一分析其缺陷。

第一，资源补偿费。从事资源开采的市场主体，按照国家规定的比例，将矿产品销售收入的一部分上交主管部门，这一费用即为资源补偿费。资源补偿费不同于资源租金，二者区别表现在三个方面：首先，二者性质不同。资源租金是凭借资源所有权取得的货币收益，是资源所有权行使的结果，资源补偿费是为了补充国家对资源勘探投入不足而收取的费用，[1]属于行政性收费。实践中，矿产资源补偿费的70%左右也确实用于资源勘查投入。其次，二者征收比例不同。发达国家以权利金为资源租金的主要表现形式，其征收比率为矿产品销售收入的10%左右，远高于我国资源补偿费率。[2]最后，二者的征收主体不同。资源租金基于资源所有权产生，理应归中央享有，而资

---

[1]《矿产资源补偿费征收管理规定》第11条规定，"矿产资源补偿费纳入国家预算，实行专项管理，主要用于矿产资源勘查"。

[2] 我国矿产资源补偿费的费率仅为其矿产品销售收入的1%~2%。

源补偿费却由中央和地方共享。[1]

第二，资源税。资源税设立的目标本应是调节资源开发活动的级差收益，但是实际做法却是，只要进行资源开采，无论资源的优劣均需要按照规定缴纳资源税。[2]这种做法的实质是将资源税等同于资源租金，通过收税的方式来收租。但是二者事实上并不相同。资源税是国家凭借行政权力征收税款，具有强制性、无偿性的特点；资源租金是国家凭借资源所有权收取的货币收益，具有自愿、平等的特点。

第三，矿业权使用费。由于矿业权使用费在其资源有偿使用支出费用中所占的比重较小，[3]所以理论界和实务部门对这一费用的争议不多。

（二）资源有偿使用制度的改进建议

通过以上分析可以看出，矿产资源补偿费和资源税存在目标界定不清、功能重叠的问题。我国缺少与资源租金直接对应的收费项目，矿产资源补偿费属于行政事业性收费，与凭借资源所有权收取的资源租金完全不同。资源税本应是国家凭借政治权力调节资源开发活动中级差收益的手段，但在我国却异化为实现矿产资源国家所有的方式之一。针对上述问题，为在我国矿业权取得环节构建竞争性市场，就矿产资源有偿使用制度提出以下改进建议：

首先，应该取消资源补偿费和资源税。一方面，取消资源补偿费。随着市场化转型的提速，我国地质勘查部门逐渐由事业单位向企业法人转变，勘探投入构成该种企业的成本项目，不应该通过国家行政收费来补充。另一方面，取消资源税。根据前文的分析，资源税的实施效果与立项目标完全偏离，应当予以取消。

其次，应该借鉴发达国家经验，以权利金作为我国资源租金的主要实现方式，取代矿产资源补偿费和资源税。尽管我国矿产资源有偿使用的税费种类繁多，但是却没有能够与资源租金相对应的费用安排。前已述及，我国矿产资源补偿费与资源租金并不相同，且费率远低于发达国家权利金的费率，

---

[1] 参见《矿产资源补偿费征收管理规定》第10条。

[2] 参见李晓燕："论矿产资源国家所有者权益的实现"，载《经济问题》2013年第6期。

[3] 采矿权使用费，按照矿区范围的面积逐年缴纳，标准为每平方公里每年1 000元；探矿权使用费，按勘查区块面积逐年缴纳。

不能反映矿产资源的价值;[1]而我国的资源税本质上是运用行政手段获取的资源租金,与资源租金的原本涵义相悖,造成了法律关系的混乱。所以应当将二者统一为权利金,权利金费与国际标准保持一致,并将矿产资源开发利用的外部性成本作为权利金的组成部分。权利金应在开采环节征收,且应改变现行的从价计征方法,改以储量消耗计征,从而有效提高矿产资源的利用率。[2]

---

[1] 参见李晓燕:"论矿产资源国家所有者权益的实现",载《经济问题》2013年第6期。
[2] 参见李晓燕:"论矿产资源国家所有者权益的实现",载《经济问题》2013年第6期。

CHAPTER4 第四章
法律制度设计成就矿业权公平分配

第一节 还原矿业权财产权属性

经济转型的路径依赖是制度转型，法律制度作为社会变迁的工具，不仅是社会现实的反映，而且是达成社会现实的手段。[1]既然政府主导分配过程是导致页岩气矿业权分配不公的主要原因，那么就应该通过法律转型，变政府分配为竞争取得，在矿业权分配环节构建竞争性市场，以实现矿业权公平分配的目标。《物权法》将矿业权规定为财产性权利，为矿业权的竞争取得提供了契机。《矿产资源法》的转型应该以《物权法》的规定为依据，变矿业权审批为矿业权登记，解除政府行政权力对财产权的羁束，还原矿业权的财产权属性。

一、物权法确认矿业权产权性质

（一）物权法将矿业权规定为用益物权

2007年颁布实施的《物权法》在第三编"用益物权"中规定，依法取得的探矿权、采矿权受到法律保护，[2]以民事基本法的形式，确定了探矿权、采矿权的用益物权属性。这一规定对我国矿业法律制度的发展具有重要意义，表现在以下两个方面。

---

[1] 参见肖国兴："能源发展转型与《能源法》的制度抉择——纪念《法学》复刊30周年·名家论坛（八）"，载《法学》2011年第12期。

[2] 参见李浩然："论矿业权的法律秩序"，载《理论学刊》2013年第5期。

第四章　法律制度设计成就矿业权公平分配❖

第一，明确了矿业权的财产权性质。矿业权的财产权性质是矿业权竞争取得的前提条件，如果矿业权属于人身权或者行政权，则无法通过市场竞争的方式进行分配。尽管矿业权确实与传统的用益物权存在差异，能否将其作为用益物权在学界存在争议，但是矿业权的财产权属性却是毋庸置疑的。财产权的基本特征是权利可以转移，能够直接为权利人带来经济利益。[1] 矿业权以勘探、开采矿产资源为基本内容，能够直接为矿业权人带来经济利益，且不以特定身份为前提，在符合条件的情况下可以自由流转，所以具有明显的财产权性质。作为调整财产归属关系的基本法律，《物权法》将矿业权规定为用益物权，既肯定了矿业权的财产权属性，又明确了矿业权的民事权利归属。

根据《物权法》的规定，矿业权应该属于私权范畴。公权与私权的划分由来已久。公权，即公共权力、国家权力，是指国家依法赋予的、以国家强制力为保障的、以管理社会公共事务并实现社会公共利益为目的的一种权力；私权是在公权的范围之外，是公民、法人和其他组织在社会生活中所享有的权利。[2] 根据上述定义，矿业权本质上是一种私权，但不同于传统的私权，矿业权是带有公权色彩的私权。将矿业权归类为私权，意在强调矿业权的取得以当事人意思自治为原则，只要当事人协商一致，意欲勘探、开采矿产资源的市场主体即可从资源所有权人处取得矿业权，无需国家强制力保证实施。当然，基于矿产资源的稀缺性和对社会经济发展的重要作用，矿业权在取得和行使过程中应该受到政府管制，以确保矿产资源的合理开发利用。现实中，这种政府管制通常表现为许可证管理，即政府部门向矿业权人颁发许可证，并对其生产过程实施必要监管。因此，矿业权这种私权带有一定的"公权色彩"。但是这种"公权色彩"并不影响矿业权的私权属性，将矿业权视为公权的观点是不妥当的。

第二，为矿业法律制度的转型指明了方向。《物权法》是调整财产归属关系的基本法律，《矿产资源法》的转型应该以《物权法》的规定为基本原则，逐步放松对矿业权的行政管理，还原矿业权的财产权属性。《矿产资源法》与

---

　〔1〕　参见李永军：《民法总论》，法律出版社 2006 年版，第 120 页。
　〔2〕　参见李显冬、石文墨："矿业权的私权法律属性"，载《北京石油管理干部学院学报》2007 年第 2 期。

《物权法》的关系可以从以下两个方面来解读：

首先，不能将《矿产资源法》视为《物权法》的特别法，因此不能适用"特别法优先于普通法"的原则。[1]根据《立法法》的规定，适用"特别法优先于普通法"原则的前提是两部法律属于同一立法机关制定的同一层级的法律。在我国，有权制定法律的机关包括全国人大与全国人大常委会，但二者不是同一立法机关，具有不同的立法权限，其中全国人大有权制定民事基本法律，全国人大常委会却无此立法权，因此二者制定的法律存在位阶和效力等级的差别。根据上述规定，《物权法》是由全国人大制定的民事基本法律，《矿产资源法》是由全国人大常委会制定的法律，由于两部法律的层级不同，所以不能将《矿产资源法》视为《物权法》的"特别法"，当然不能适用"特别法优先于普通法"的原则，《矿产资源法》必须遵守《物权法》的规定。

其次，单行法的调整并不能替代一般法的调整。在《物权法》颁布以前，《矿产资源法》作为规范矿产资源开发利用的单行立法，[2]其规定长期以来作为我国矿业领域的主要法律规范而存在。但是，《物权法》颁布以后，已然成为调整财产归属关系的基本法律，有关矿产资源所有权和矿业权的法律制度设计应该遵守《物权法》的规定。[3]尽管《矿产资源法》作为单行立法已经对相关社会关系进行了法律调整，但是《物权法》的一般性调整应该优先于《矿产资源法》的规定适用，只有在《物权法》未予调整的领域，才能适用《矿产资源法》的规定。[4]

（二）物权法规定平等保护所有财产权

作为规范民事财产归属关系的基本法律，《物权法》为各种性质的财产权利提供平等的法律保护。《物权法》规定，国家保障市场主体的平等法律地

---

[1] 参见李显冬、石文墨："矿业权的私权法律属性"，载《北京石油管理干部学院学报》2007年第2期。

[2] 参见李显冬、石文墨："矿业权的私权法律属性"，载《北京石油管理干部学院学报》2007年第2期。

[3] 参见李显冬、石文墨："矿业权的私权法律属性"，载《北京石油管理干部学院学报》2007年第2期。

[4] 参见李显冬、石文墨："矿业权的私权法律属性"，载《北京石油管理干部学院学报》2007年第2期。

位，保护国家、集体和私人的物权，排除他人对物权的侵犯。[1]既然矿业权被纳入《物权法》的调整范围，那么无论何种性质的市场主体取得矿业权，都应该受到法律的平等保护。当他人的行为侵害矿业权人的权利时，矿业权人可以行使物上请求权，要求停止侵害、排除妨碍、消除危险、赔偿损失。

在《物权法》颁布之前，《矿产资源法》对国有矿山企业、集体矿山企业和个体采矿者的法律地位进行了区别对待。《矿产资源法》根据所有制性质不同进行区别对待的规定，不仅违背了平等保护的民法基本原则，而且破坏了公平竞争的市场秩序。

《物权法》中关于平等保护的规定，既弥补了《矿产资源法》的缺陷，又为《矿产资源法》的修订指明了方向。《物权法》的规定，一方面有助于激发民营企业活力，促使其锐意创新，克服短期效益，进行长期规划，合理开发资源；另一方面有助于国有企业回归理性，摆脱权力依赖，专注转型重组，再造治理结构，直面市场竞争，通过破坏性创新建构竞争优势。

二、登记取得适用物权法的规定

尽管《物权法》将矿业权规定为用益物权，明确了矿业权的财产权属性，但是并未对矿业权的取得作出明确规定。现行《矿产资源法》要求矿业权取得必须经政府审批，可能造成行政权力对财产权利的侵犯。要想落实《物权法》的规定，就必须变政府审批为政府登记，解除行政权力对矿业权的束缚，还原矿业权的财产权属性。

（一）登记的效力在于创设矿业权

如果将矿业权界定为用益物权或财产性权利，那么矿业权的创设和取得就应该准用物权取得的相关规定，以登记作为矿业权取得的生效要件。根据《物权法》的规定，不动产物权的设立以登记为标志，动产物权的设立以交付为标志。无论是探矿权还是采矿权均与动产物权大相径庭，因此矿业权取得只能准用不动产物权的规定，以登记作为矿业权取得的标志。具体而言，当

---

[1] 参见梁冬梅等：《物权法》视野下《矿产资源法》的局限性——兼论其法典化立法模式确立的可行性"，载《黄金》2011年第4期。

事人签订矿业权取得合同之后,受让人应该持合同到主管机关办理矿业权登记,[1]当记载于登记簿上时矿业权设立,之后主管部门应向矿业权人发放许可证。由此可见,根据《物权法》的规定,矿业权登记是矿业权的生效要件。[2]尽管我国《矿产资源法》也要求矿业权申请人在取得政府审批之后进行登记,但这里登记仅仅是为了行政管理的需要,并不具有创设矿业权的效力,登记之前的政府审批才是《矿产资源法》规定的矿业权创设行为。《物权法》颁布之后,矿业权的取得应该以《物权法》的规定为准,将登记作为矿业权的生效要件。

此外,矿业权取得应适用我国不动产物权登记的区分原则。根据《物权法》第15条的规定,当事人签订变动物权的合同,除法律另有规定外,该合同自成立时生效,是否进行登记不影响合同的效力。如果将矿业权视为用益物权或财产性权利,那么上述区分原则当然应该适用于矿业权取得。具体而言,国家矿产资源所有权的代表组织与申请人签订取得矿业权合同,该合同的效力不受矿业权登记的影响,即使未予登记,矿业权合同依然自成立时生效。[3]登记之前,申请人的矿业权并未生效,任何一方违约,对方均可依据合同追究其违约责任;一经登记,申请人即取得矿业权,审批机关是否发放许可证并不影响矿业权的效力,但未取得许可证不能开展生产经营活动。

(二) 登记对产权的羁束弱于审批

从性质上来说,登记是一种行政行为,这可以从登记的主体、程序、效力等方面进行分析。首先,登记的主体包括申请人和登记机关。申请人不能自愿选择是否登记,如果未按法律规定进行登记,则矿业权不产生物权效力;[4]登记机关及其工作人员必须依法登记,无正当理由拒绝登记、登记错误、无故迟延等都需要承担行政责任。其次,登记的程序包括申请、受理、审查、记载等几个环节,每个环节都有严格的强制性规定,当事人无权进行变更。最后,矿业权登记的效力是矿业权的取得或设立,这反映了国家公权力对当事人处分行为的认可,当事人无权变更登记的效力。由此可见,登记

---

[1] 参见刘永存:"矿业权研究",西南政法大学2011年博士学位论文。
[2] 参见刘永存:"矿业权研究",西南政法大学2011年博士学位论文。
[3] 参见刘永存:"矿业权研究",西南政法大学2011年博士学位论文。
[4] 参见刘永存:"矿业权研究",西南政法大学2011年博士学位论文。

行为无论是从主体、程序还是效力方面来分析,都排除了当事人意思自治的可能,不符合民事法律行为的基本原则,应该认定为是一种行政行为。

根据《行政许可法》的规定,登记是行政许可的一种方式,同样,审批也是行政许可的一种方式,但是二者对产权的羁束力存在本质区别。尽管登记是一种行政许可,是矿业权的生效要件,但并不代表矿业权是由行政机关授予的,更不能说明行政行为是矿业权的来源和依据。矿业权登记是对当事人合意的事后确认,不具有变更当事人意思的效果,能否取得矿业权完全取决于当事人的意思。相比之下,审批对矿业权的羁束力远远强于登记。根据《矿产资源法》的规定,矿业权经过政府审批才能取得,[1]政府有权决定是否授予矿业权。换句话说,能否取得矿业权并不取决于当事人的意志,而是取决于政府的意志,即使当事人满足了矿业权申请条件,政府也可以拒绝批准当事人的申请。这种审批制度使得政府在矿业权分配过程中居于主导地位,是造成矿业权分配不公的重要原因。

在《物权法》颁布之后,矿业权的财产权属性得到了立法确认。为了落实《物权法》的规定,应该尽快修改《矿产资源法》,变矿业权审批为矿业权登记,还原矿业权的财产权属性,为矿业权出让市场的构建奠定基础。

第二节 健全矿业权的出让制度

矿业权出让是指国家作为矿产资源所有者,与其他民事主体签订合同,允许后者在一定期限内勘探、开采矿产资源的行为。我国1996年《矿产资源法》并未规定矿业权出让。2000年国土资源部发布《矿业权出让转让管理暂行规定》,[2]要求登记机关以批准申请或招拍等方式向矿业权申请人授予矿业权,首次以部门立法的形式对矿业权出让制度进行了规定。2003年《办法(试行)》出台,要求新设矿业权应该通过招标、拍卖、挂牌方式授予,从而建立起矿业权出让制度的基本框架。

从相关法规的规定中不难看出,矿业权出让制度要求资源所有者主要采

---

[1] 参见刘永存:"矿业权研究",西南政法大学2011年博士学位论文。
[2] 参见欧阳杉、甘开鹏:"对完善我国矿业权转让法律制度的思考",载《长江大学学报(社会科学版)》2007年第1期。

用招标、拍卖、挂牌等公开方式进行矿业权分配，为矿业权竞争取得提供法律依据，成为矿业权分配环节竞争性市场构建的重要制度支撑。但遗憾的是，我国矿业权出让制度仅是在国土资源部发布的行政规章中予以规定，并未得到《矿产资源法》的立法确认，而且现行出让制度本身也存在诸多缺陷。因此，除了修改《矿产资源法》，通过法律形式明确规定矿业权出让制度外，还应该从以下几个方面健全矿业权出让制度。

一、重建矿业权出让主体

（一）建立矿业权出让平台公司

在现有的制度安排下，由县级以上人民政府地质矿产主管部门代表国家进行矿业权出让，不仅缺少法律授权，而且容易造成权力混同。首先，现行立法并未将出让矿业权的权利明确授予县级以上人民政府地质矿产主管部门。根据《矿产资源法》的规定，我国对矿产资源实行国家所有权制度，矿产资源所有权由国务院代行；由国务院和省级人民政府负责监督、管理矿产资源勘探、开采工作。然而，立法从未授权除国务院以外的其他政府部门代行国家所有权。国土资源部发布的《矿业权出让转让管理暂行规定》规定，县级以上人民政府地质矿产主管部门代表国家进行矿业权出让。然而，除国务院以外的县级以上人民政府及其相关部门，均未得到法律授权，当然不能实施以国家所有权为前提的出让行为。《矿业权出让转让管理暂行规定》有僭越上位法之嫌。其次，由县级以上人民政府地质矿产主管部门代表国家进行矿业权出让的规定，造成了政府部门的权力混同。一方面，假如县级以上人民政府地质矿产部门得到法律授权代行国家所有权，那么其矿业权出让行为自然是依据国家所有权无疑，政府部门与矿业权人之间建立的是民事法律关系；另一方面，国务院和省级人民政府地质矿产主管部门凭借法律授权，对企业勘探、开采资源的行为实施监督、管理，这种监督管理权是一种行政权力，政府部门与矿山企业之间建立的是行政法律关系。在《矿业权出让转让管理暂行规定》的制度安排下，政府地质矿产主管部门既代表国家行使资源所有权，又依法对资源勘探开采进行监督管理，承担着实现财产权价值和管理资源产业的双重职能，造成了所有权与行政权的混同。尤其是在矿业权出让环节，这种主体身份的二重性极易导致行政权力对财产权利的替代，政府部门运用行政权力干预矿业权分配，侵蚀市场运行机制。

由此可见，由县级以上人民政府地质矿产主管部门代表国家进行矿业权出让，于法无据，有失妥当，应当重建矿业权出让主体。笔者建议，应该在形式上确立全国人民代表大会及其常委会作为矿产资源所有权的代表主体，[1]同时设立独立的商事主体如国有矿产资源经营管理公司，[2]专门负责矿业权出让。国有矿产资源经营管理公司通过公开竞争的方式，将矿业权分配给包括民营企业在内的各种所有制企业，这些企业凭借依法取得的矿业权和许可证从事矿产资源的勘探、开发活动，实现资源国家所有权，提升资源配置效率。

本书设想建立的国有矿产资源经营管理公司，其经营范围应限于通过招标等公开方式，对矿业权进行出让，不得参与产业链其他环节的经营活动。公司根据政府规定的资源勘探、开采资质，对竞标企业进行资质审查，决定中标企业；同时重点负责资源权利金的收取和管理，以收取权利金的一定比例作为公司的主要利润来源，以激励公司积极收取权利金，加强对勘探、开采企业的成本约束。

（二）统一受让人的资质条件

我国立法并未对矿业权受让人的资质条件进行统一规定。《矿产资源法》未涉及矿业权出让问题，而《矿业权出让转让管理暂行规定》规定，矿业权批准申请的条件和程序按国务院有关规定执行。现实中，各级政府纷纷出台规范性文件，对矿业权申请主体设定一系列的限制条件，甚至特意为某些申请主体量身定制准入条件，损害了公平竞争的市场秩序。正因如此，为了实现矿业权竞争取得的目标，必须对矿业权申请人的资质条件进行统一规定。具体而言，一方面，立法者应该全面考虑矿业权申请人的技术水平、设计方案、综合利用程度、环境保护能力等因素，并把这些因素作为选择申请人的资质条件，以实现矿业权一级出让市场的健康发展。另一方面，应该尽快修改《矿产资源法》，以法律形式统一规范矿业权受让人的资质条件，增强其法律效力，避免地方政府的任意规定。

---

[1] 参见程雪阳：“中国宪法上国家所有的规范含义”，载《法学研究》2015年第4期。

[2] 参见肖国兴：“论国家煤炭资源所有权的实现”，载《煤炭经济研究》1993年第2期。

二、完善矿业权出让市场

(一) 规范矿业权评估行为

矿业权评估是依据法律法规，由相应机构对矿业权价值进行分析、计算，预测矿业权价值的一种活动。基于矿业权评估对于确定矿业权出让底价的支持作用，矿业权评估成为矿业权出让中必不可少的环节，[1]评估结果能否准确、合理地反映矿产品价格和矿业权价值，直接影响矿业权出让能否顺利完成。准确、合理的评估结果，既有助于保障国家利益，又能够使受让人获得预期回报。从某种意义上说，缺少运行良好的矿业权评估机制，矿业权出让市场根本无法建立。由于我国矿业权市场起步较晚，有关矿业权评估的制度安排存在诸多缺陷，亟待完善。具体而言，应该从以下几个方面着手：

首先，应该建立健全矿业权评估法律法规。我国有关矿业权评估的法律规范十分简陋。[2]国土资源部出台的《探矿权采矿权评估管理暂行办法》《探矿权采矿权评估资格管理暂行办法》《矿业权评估师职业资格制度暂行规定》均未对矿业权评估活动、评估标准作出具体规定。直至《矿业权评估指南》出台，矿业权评估活动才有了统一的行为规范，然而该指南并非正式法律渊源，对评估行为仅有指导和示范作用，并无法律约束力，无法满足矿业权评估活动法治化的要求。为进一步完善矿业权评估法律法规，保证评估结果的准确、合理，国务院或者中央地质矿产主管部门应该针对矿业权评估中存在的问题，尽快出台相关行政法规或规章。[3]在制定法规或规章的过程中，政府部门可以认可矿业权评估的行业惯例，借鉴国外矿业权评估的成熟经验，对《矿业权评估指南》进行修改和扩充，尤其需要制定统一、具体的评估标准，设计虚假评估的法律责任，为矿业权评估活动提供法律依据，确保评估活动依法进行，推动矿业权出让市场建立。

其次，应该加强对矿业权评估的监管力度。省级以上自然资源部门作为

---

[1] 参见刘永存："矿业权研究"，西南政法大学2011年博士学位论文。

[2] 参见袁华江："论已出租之采矿权抵押的可行性"，载《上海政法学院学报（法治论丛）》2011年第1期。

[3] 参见欧阳杉、甘开鹏："对完善我国矿业权转让法律制度的思考"，载《长江大学学报（社会科学版）》2007年第1期。

矿产资源勘探、开采的监管部门，应该加强对矿业权评估的监管。具体而言，主管部门应该制定详细的监管规则和处罚措施，对于违反法律法规、扰乱矿业权市场秩序的评估行为，如出于故意或重大过失提供虚假的评估报告、未按照评估标准进行评估、评估结果显著偏离矿业权价值且无正当理由等，监管机构应该施以重罚，如吊销评估机构营业执照、吊销评估师的评估资格、处以重大罚款等。严格的监管措施有助于提高违法成本，发挥警示作用，增强评估机构和评估人员的风险意识，引导其依法开展评估活动。严格监管在矿业权出让市场建立初期具有重要意义。

最后，矿业权评估行业应该加强行业自律。客观地说，单纯依靠政府监管难以实现管理矿业权评估活动的目标，这是因为行政主管部门只进行外部监管，不直接干涉评估机构的内部运作，相比之下，行业自律组织则能够深入评估机构内部，对每个评估师的活动进行监督管理。2006年成立的中国矿业评估师协会（以下简称评估师协会）正是矿业权评估行业的自律组织，所有评估机构和评估师都必须加入该协会。评估师协会可以组织评估师的业务考核，建立评估师准入、退出制度；对评估机构之间的纠纷进行调解，减少恶性竞争行为；对评估全过程进行监管，包括评估项目竞标、评估准则的遵守、评估费用的收取等，有助于减少暗箱操作，维持良好的竞争秩序。此外，评估师协会还可以对评估行为进行事后监管，如在评估行为结束后，根据评估所涉矿产资源的勘探、开采情况，矿产品价值，来审查评估报告的准确性和合理性，发现评估报告与资源实际价值存在重大差异的，可以要求相关机构和评估师说明理由。基于行业协会在自律管理方面的优势，政府部门应该授予行业协会一定的监督管理权力，使其能够依法开展自律监管活动。这不仅能够减轻政府负担，而且能为行业协会的监管行为提供法律依据，促进自律监管活动的开展。[1]总之，只有政府监管和行业自律双管齐下，才能保障矿业权评估行业的良性发展。

（二）建立矿业权信息平台

为了实现矿业权出让的公开、公正、公平，应该加强矿业权市场信息平台建设。依托现有的矿业权出让机构或交易中心，充分利用现代网络信息技

---

[1] 参见焦彦斌、张彬、吕新彪："浅谈矿业权评估存在的问题及对策"，载《煤炭经济研究》2009年第4期。

术，建立全国性的矿业权市场交易信息平台，为矿业权出让提供快速、便捷的信息通道，构建公开、透明、有序的市场环境。该平台的作用主要表现在两个方面：一方面，有关矿业权出让的所有信息，包括区块位置、区块面积、资源品位、出让单位、出让方式等，都应该在该平台上及时发布；另一方面，通过该平台及时发布有关矿业权出让的政策法规，使得出让行为依照法律开展。[1]

第三节 赋予各种主体公平机会

一、规定各种主体身份平等

（一）现行立法实施差别待遇

在我国现行法律体系中，有权申请勘探、开采矿产资源的主体包括国有矿山、集体矿山和个人采矿者，针对不同所有制性质的主体，立法赋予其不同的法律地位，设计了不同的法律制度。

《矿产资源法》明确赋予国有矿山企业主体地位，[2]这是历史因素和现实因素共同作用的结果。一方面，计划经济时代我国全部矿山企业都是国有企业，不存在非国有的矿山企业，更不存在合法的个人采矿者。围绕国有矿山企业进行的制度设计具有报酬递增效应，使得我国能源产业已经陷入了过度依赖国有企业的困境，尽管《矿产资源法》制定和修改于市场经济转型阶段，但仍然难以摆脱原有制度安排的桎梏。另一方面，某些矿产资源对于国家来说具有不可替代的战略意义，出于保护国家安全的考虑，这些特殊矿种的勘探、开采通常由国有企业进行。与此相比，《矿产资源法》中对于非国有企业开采矿产资源的规定带有明显的歧视性。[3]集体矿山企业、个体采矿者只能在国家限定的范围内从事资源勘探、开采活动，其矿业权受到限制。

---

〔1〕参见王玲玲、邹晓明、马杰："我国矿业权市场要素研究"，载《中国矿业》2011年第11期。

〔2〕《矿产资源法》第4条规定："国有矿山企业是开采矿产资源的主体。国家保障国有矿业经济的巩固和发展。"

〔3〕《矿产资源法》第35条规定，"鼓励集体矿山企业开采国家指定范围内的矿产资源，允许个人采挖零星分散资源和只能用作普通建筑材料的砂、石、黏土以及为生活自用采挖少量矿产"。

（二）法律转型消除差别待遇

公平有序的竞争机制是市场经济的基本特征，公平竞争的前提是财产权利的公平以及市场主体身份的公平。为了建构竞争性市场，实现矿业权公平分配的目标，首先必须消除企业身份的不平等。《物权法》平等保护各种财产权利，《矿产资源法》应该以《物权法》的规定为原则，取消区别对待不同所有制主体的规定，对各种市场主体规定相同的准入条件，只要符合了法定的资质条件，就有权参与矿业权的竞争，争取成为矿业权人，进行矿产资源的勘探、开发活动。

二、赋予民营资本优先权利

机会公平是公平分配的重要组成部分，按照机会公平的要求，法律制度应该赋予民营资本在同等条件下取得页岩气矿业权的优先权。机会公平首先要求保障企业参与矿业权分配的身份平等，但由于国有企业与政府的紧密联系以及凭借矿业权优势已经建立的竞争优势，民营企业与国有企业之间存在天然禀赋上的差距，单纯强调形式平等最终仍将使得民营企业处于不利地位。因此机会公平更加追求实质公平，即要求制度设计能够通过机会的不平等去扩展机会较少者的机会，[1]即增加民营企业获得矿业权的机会。《矿产资源法》将国有企业规定为开采矿产资源的主体，为国有企业优先取得矿业权提供了法律依据，但在公平分配生产要素的国家战略下，这一规定显然并不符合机会公平的要求。因此应该修改《矿产资源法》的规定，赋予民营资本在同等条件下取得页岩气矿业权的优先权。在页岩气矿业权招标时，如果民营企业的资金、技术等竞标条件与国有企业相当，则应该优先将矿业权出让给民营企业。

（一）通过优先权实现机会公平

机会公平指每个禀赋相同、动机相似的人，都有参与各种社会事务的同等机会，能够以相同的可能性获得资源分配、权利授予、利益分享，而不受其出身的限制。从整个社会来看，社会机会是一种有待分配的稀缺资源，机

---

[1] 参见［美］约翰·托马西：《市场是公平的》，孙逸凡译，上海社会科学院出版社2016年版，第301页。

会公平正是制度设计者在分配机会资源时应该遵循的基本原则。机会公平原则重点强调分配过程的公平，强调每个人都有参与分配的同等机会，并不否认由于社会个体个人能力方面的差异导致的分配结果的不公平。

机会公平可分为基础性机会公平和指向性机会公平。基础性机会公平是最低层次的机会公平，用以保障社会成员能够获得生存和发展所必须的机会。这种机会公平剔除社会成员的个体差异，无论社会成员的出身地位、个人能力、自然禀赋如何，都拥有完全平等的基础性机会公平。可见，基础性机会公平具有普遍性和平等性。相比之下，指向性机会公平属于较高层级的机会公平，用以满足人们较高层次的社会追求，如获得良好教育、得到职位晋升、赚取金钱利益、享受良好环境，等等。享受指向性机会公平必须以一定的个人能力为前提。

(二) 民营资本优先具正当性

1. 民营企业属于最不利者

由于政府主导矿业权分配过程，使得民营企业成了页岩气矿业权分配过程中的"最不利者"。罗尔斯认为，"最不利者"是指对"基本善"拥有最低份额或最低期望的人，其中，"基本善"包括公民基本权利、迁徙自由、择业自由、权利平等、财产权利、社会尊重等，[1]是每个社会成员实现自身目标所必需的基本条件。

现代社会的弱势群体是"最不利者"的典型代表。弱势群体是社会底层人员的总称，他们拥有最少的权利、机会、收入和自尊，在竞争中处在极为不利的地位，且由于生理或能力缺陷，这一群体的很难摆脱不利地位，因而发展潜能很低。弱势群体可以分为生理性弱势群体和社会性弱势群体。[2]生理性弱势群体是由于个人生理方面的因素而处于弱势地位，如老年人、残疾人等；社会性弱势群体则是由于社会制度安排的原因而处于弱势地位，例如城乡贫困人口、下岗职工等。

相对于国有企业，民营企业属于社会性弱势群体。在政府主导的矿业权分配模式下，民营企业即使符合了法定的资质要求，在矿业权竞争过程中也处于弱势地位，难以与国有企业展开竞争，无法取得矿业权，根本无法进入

---

[1] 参见高健、秦龙："论我国弱势群体的机会公平保障问题"，载《中州学刊》2014年第2期。

[2] 参见高健、秦龙："论我国弱势群体的机会公平保障问题"，载《中州学刊》2014年第2期。

产业链上游的勘探、开采环节。

2. 最不利者优先具正当性

罗尔斯认为,机会不公平是导致"最不利者"产生的主要原因,其中既包括社会因素造成的机会不公平,又包括自然因素造成的机会不公平。造成机会不公平的社会因素主要是指社会成员的出身不同、家庭环境不同、受教育水平不同等;造成机会不公平的自然因素主要是指个人能力,特别是天然禀赋的差异。追求机会公平的制度安排,必须要同时关注社会成员因社会因素造成的差异,以及因自然因素造成的差异。

罗尔斯的机会公平理念追求实质意义上的机会公平,即不仅承认社会主体在法律地位上的平等,而且力图使得各个社会成员都能实际拥有同等的机会。为此,必须通过制度安排尽力消除自然或社会因素造成的个人禀赋差异,为所有社会成员提供基本相同的出发点。"再分配"是其中最主要的制度安排,"再分配"的对象是社会资源,即通过制度设计将部分社会资源转移给社会弱势群体,以达到改善其处境的目标。

由此可见,为了追求实质意义上的机会公平,罗尔斯在承认社会成员个体差异的前提之下,提出不仅应该在形式上平等对待每个社会成员,而且需要通过制度设计给予"最不利者"特殊优待和保护,使其享受更多的机会。沿着这一思路,在页岩气矿业权分配过程中,在同等条件下,民营企业应该优先取得矿业权。前已述及,由于国有企业与政府的紧密联系以及凭借矿业权优势已经建立的竞争优势,民营企业与国有企业之间存在天然禀赋上的差距,单纯强调形式平等最终仍将使得民营企业处于不利地位。为了实现实质意义上的公平,制度设计必须要通过机会的不平等去扩展机会较少者的机会,即增加民营企业获得矿业权的机会,赋予民营资本优先权利。

第四节 规范行政机关监管权力

一、弱化政府对矿业权取得的控制

(一) 政府权力退出矿业权的分配

笔者认为,矿业权公平分配的核心就是在矿业权分配环节建立竞争性市场,通过市场竞争的方式分配矿业权,取消政府对矿业权取得的审批权力,变矿业权审批取得为登记取得,弱化政府对矿业权出让市场的控制,使得政府权力逐步退出矿业权分配环节。在矿业权竞争取得的制度安排之下,政府应当变资源管理为市场监管,监管的宗旨是为矿业权人创造公平竞争的市场环境,打击不正当竞争行为。

在页岩气矿业权的分配和勘探、开采环节,立法应该明确规定政府的监管职责,主要包括以下几个方面:第一,详细规定参与矿业权分配的企业的资质条件,不仅限于注册资金、勘探资质、法人独立地位,还应规定安全生产、防范环境风险等方面的资质,严厉打击不符合资质条件而非法开采资源的行为;第二,在矿业权出让之前,政府应该公开对判断该区块资源价值具有重要影响的地质资料,包括地质构造、可采储量评估结果等;第三,矿业权中标企业通常会在投标书中做出勘探、开采的投资承诺,政府应该对这一承诺的履行情况进行监督,避免出现"圈而不探"的行为;第四,政府应加强对勘探、开采环节安全生产的监督力度,追究安全事故责任人的法律责任,提高其违法成本。

(二) 政府退出有利实现政治公平

政府权力退出矿业权分配过程,不仅能够促进矿业权公平分配目标的达成,而且有助于政治公平理想的实现,反过来,政治公平的实现又将进一步推动矿业权公平分配,从而形成良性循环。本部分内容首先介绍政治公平的基本涵义及其意义,然后简要分析如何通过限制政府权力来实现政治公平。

1. 政治公平的基本内涵及其意义

简单来说,政治公平就是政治领域的公平正义,是相对于经济公平和社会公平而言的概念。对于政治公平的内涵,学者们众说纷纭,概括起来主要包括静态上的政治公平、动态上的政治公平和结构上的政治公平三个方面:静态上的政治公平主要涉及一些政治公平的要素,包括政治公平的相关理念,权利、义务、收益的分配,相关制度安排,政府部门的职权,政策的社会效果,等等;动态上的政治公平涉及主体参与政治活动的行为,包括执政者公平地执行政务,政府部门公平地实施政策,公民公平地参与政治活动;类型上的政治公平主要是指与政治活动相关的机构,保持自身体系结构公平合理。从政治公平可以引出政治公平化的概念,所谓政治公平化,就是维持政治活动各个环节的公平正义，并通过政治公平来推进经济公平和社会公平的过程。[1]

政治公平化是实现社会公平的重要路径，社会公平是政治活动的基本目标，推动政治公平化应该成为执政者的主要职责。政治公平化意味着消灭特权思想和特权行为，为了实现这一目标，执政者应该确保实力不同的利益集团能够相对公平地参与政治活动，特别是在政策制定和立法进程中拥有公平的表达诉求的机会，促进制度安排的公平化，通过制度设计推动资源公平分配、权利公平分享、义务公平分担。推进政治公平化、实现政治公平的意义表现在以下几个方面：

第一，作为公平的正义是社会制度的首要价值，这一目标的实现需要通过政治制度的合理设计来完成。罗尔斯认为，能否公平地分配权利并抑制特权产生，是制度设计是否公平的评判标准；每个公民都拥有不可侵犯的权利，即使是为了社会公共利益的需要，政府也不能肆意侵害公民基本权利；不符合正义标准的法律制度应该予以废止。

第二，政治权力的民主化有助于实现公民权利的公平化。社会公平正义是人类社会的基本价值追求，法律制度作为切割社会利益的基本工具，其制度设计是否公平是评判社会公平性的主要标准。人类在追求社会公平正义的过程中逐步衍生出了政治活动，通过政治博弈形成法律制度，分配社会资源和利益。政治民主化的基本目的是确保所有利益群体都能公平地参与到政治博弈过程中，获得表达利益诉求的机会，促进制度设计的公平，并借此实现公民权利的公平。

第三，政治公平是人类社会的理想目标。美国政治学者达尔在《论政治平等》一书中指出，追求政治公平，并借此实现社会公平是人类的天性，是人类情感使然；政治公平不仅值得追求，而且在一国范围内也是可能实现的。

2. 通过限制政府权力实现政治公平

政治公平是矿业权公平分配的政治保证，政治公平的基本要求是国有企业和民营企业对政府活动的影响力相当，市场化的资源分配模式通过限制政府对矿业权分配的干预，保障国有企业和民营企业的政治公平。

---

[1] 参见刘俊祥："政治公平化：中国特色政治发展的创新追求"，载《哈尔滨工业大学学报（社会科学版）》2015年第1期。

二、明确政府对市场的干预权限

政府权力退出矿业权分配环节并不意味着政府就不能对矿业市场进行干预，鉴于我国目前矿业权市场的发展现状，政府对矿业权市场的适度干预具有一定的必要性。矿产资源本身具有稀缺性，如果完全交由市场自发调整资源配置，易出现供求不平衡的状况，影响经济运行稳定。如果矿产品供过于求，说明可能存在过度开采的情况，既造成矿产品价格下降，又带来矿区环境破坏；如果矿产品供不应求，则会引发原材料价格暴涨、非法采矿行为泛滥。正因为市场机制存在固有缺陷，所以矿业权的取得可以不经过政府批准，但必须在政府主管部门登记后方才生效；矿业权必须设定期限，由政府审批期限届满后是否展期。当然，政府对矿业权市场的干预是有限干预，主要存在于两个领域，即政府对市场进行宏观调控，以及政府维护生产安全并且保护环境。

（一）对矿业权市场进行宏观调控

为了规范矿业权市场，引导资金投向，保障矿业权人合法权益，防止国家资源收益流失，提升资源利用效率，促进经济可持续发展，有必要加强国家对矿业权市场的宏观调控。首先，政府应该推动立法进程，加快矿业权出让市场的法律体系建设，使矿业权出让交易逐步走上法治化、规范化的道路。其次，政府可以实行总量控制制度，限制矿业权出让数量。行业主管部门应该考虑国家能源战略、资源稀缺程度、市场需求状况、现有技术水平等因素，科学测算特定矿产资源的供给量，并据此控制矿业权出让规模，引导产业发展。[1]这种总量控制，既可以保障国家资源安全，又可以调节市场供需状况，引导市场价格，促进可持续发展。

（二）维护生产安全并且保护环境

许多地区矿产资源的开发活动存在安全隐患，开发过程忽视环境保护，极易造成环境污染与破坏。矿山安全事故与环境问题可以归结为矿产资源开发的外部性问题，资源开发存在明显的负外部性，这种负外部性是市场失灵

---

[1] 参见王玲玲、邹晓明、马杰："我国矿业权市场要素研究"，载《中国矿业》2011年第11期。

的典型表现，是市场机制的固有缺陷。负外部性的结果就是不能将安全生产和环境成本完全内化于生产成本中，由资源开采者享有资源开采的全部收益，却由开采者以外的人承担部分成本。政府干预是解决市场失灵问题的重要途径之一。为了应对资源开采带来的外部性问题，政府首先应该建立相应的执法机构，加强对生产过程的监管；[1]其次，政府部门应该加快建立各种安全生产与环境保护机制，健全安全生产与环境保护的法规与制度。

第五节 通过法律保障经济自由

前已述及，差别原则是罗尔斯正义理论的基本原则之一，当页岩气矿业权分配制度符合差别原则时，这种制度设计就是公平的。在市场主导的资源配置模式下，法律制度设计应该通过保障经济自由来践行差别原则。[2]

一、经济自由的内涵及制度功能

（一）经济自由的基本内涵

经济自由是指经济主体能够按照自己的意志，从事自己意欲从事的经济活动的权利，因此，经济自由也被称为参与经济活动的自由。布坎南认为，在市场经济环境中，如果市场主体能够自由进出市场，凭借自己的意志决定买卖、投资、职业等问题，那么这个市场主体就拥有经济自由。[3]从法律的角度来看，经济自由是市场主体的基本权利，其核心内容是市场主体能够独立从事经济活动，排除他人的干预或限制。由于经济活动可以简单地划分为生产、分配、交换和消费等环节，因此，经济自由就可以表现为生产、分配、交换和消费的自由。[4]

经济自由是由消极自由和积极自由组成的。消极自由表现为排除他人干

---

[1] 参见王玲玲、邹晓明、马杰："我国矿业权市场要素研究"，载《中国矿业》2011年第11期。

[2] 参见[美]约翰·托马西：《市场是公平的》，孙逸凡译，上海社会科学院出版社2016年版，第289页。

[3] 参见[美]詹姆斯·布坎南：《经济自由与联邦主义：新世纪的展望》，载刘军宁主编《经济民主与经济自由》，上海三联书店1997年版，第40页。

[4] 参见龚天平："论经济自由"，载《华中科技大学学报（社会科学版）》2014年第3期。

涉或侵犯本人行为的权利。消极自由是最低限度的自由,是形成经济主体的必要条件之一。拥有消极自由意味着经济主体可以自由进出某一经济领域,不受他人的干预,即使是政府也不能强令其进入或退出该领域。与消极自由相反,积极自由则是经济主体能够根据自己的意志,自由选择参与经济活动的方式的权利。积极自由的核心是经济主体的自由选择,它意味着经济主体是自己行为的支配者,而不是他人意志支配下的工具。经济主体拥有自主选择的权利,可以凭借自由的意志独立地做出选择,把握眼前的机会。无论经济主体做出何种选择,都应该得到政府和其他主体的尊重。需要指出的是,积极自由还有另一层涵义,即获得社会资源分配的权利。因为如果无法获取社会资源,经济主体就根本无法参与相关的经济活动,更妄谈积极自由。

(二) 经济自由的制度功能

按照差别原则的要求,一个社会的分配制度必须能够提高境况最差者的待遇,该种分配制度才是公平的。经济自由的制度安排并不着眼于最终产品的分配环节,而是力求通过优化配置资源,提高资源配置效率,推动经济发展,提供更为丰富的社会产品,满足社会需求,以践行差别原则。经济自由的制度功能体现在以下两个方面:

第一,经济自由是市场机制能够优化资源配置的重要原因,是提升经济效率的关键环节。毫不夸张地说,经济自由是市场经济的动力源泉,正是因为市场主体拥有经济自由,他们才能公平地参与市场竞争,不断创新,推动资源优化配置。市场和计划是资源配置的不同方式,市场是以自由竞争的方式促进资源自发流动,而计划是以政府命令的方式强制资源按计划流动。

根据亚当·斯密的理论,政府计划无法实现资源的优化配置。前已述及,由于政府在信息收集方面的先天不足,政府计划具有盲目性的缺陷。如果政府想要扶持某个产业,将资源投入该产业,或者想要限制某个产业,将资源抽出该产业,那么极易发生与市场需求背道而驰的状况。在资源配置方面,政府的最佳方案不是替代市场主体做出选择,而是放任市场主体进行自由选择,保障市场主体的经济自由。只有取消政府对经济自由的干预和限制,市场经济体制才能真正建立和发展。在市场经济体制下,经济主体的自由选择应该得到政府的充分尊重,除非其行为违反了法律的强制性规定。

当然,政府尊重经济自由并不意味着完全消除政府作用,即使在市场经济环境中，政府也应该在以下几个方面有所作为：一是政府应该保护本社会的独立性，抵御外部侵害；二是政府应该设立相应机构，严格执法，维护市场竞争秩序；三是政府应该提供公共物品，建设并维持公共设施，包括供给市场所需的制度安排。[1]政府作用的范围应该是市场不能完全发挥作用的领域，政府与市场的边界应该由法律来划定。法律制度既规范市场主体的行为，又限制政府干预的权力，从而最大限度地保障经济自由。

第二，经济自由内含了市场主体地位平等的要求，构成经济繁荣的内在动力。这种平等包含两个方面：一是地位平等，市场主体不论其所有制性质是国有企业还是民营企业，也不论其规模大小，在法律上一律平等，任何市场主体都不享有超越他人的特权。所有市场主体都能公平地获得资源分配，参与市场竞争；二是规则平等，各种市场主体都必须遵守等价交换的原则，在利他的前提下实现利己，不允许超越规则进行活动。这种平等地位使经济主体能够按照自己的意志，独立自主地谋求自身的生存和发展。

市场主体的平等性反映了整个社会对市场主体正当权益特别是劳动所有权的尊重。亚当·斯密认为，劳动者对劳动的所有权是其他所有权的基础，如果政府限制劳动者正当地运用体力、技巧和经验，则构成对其劳动所有权的侵犯。这种限制不但侵害了劳动者的劳动自由，也侵害了雇主的雇佣自由。劳动、资本等生产要素自由流动是市场经济正常运转的基本前提，劳动者能否适应工作需求，雇主是否愿意雇佣劳动者，应该交由他们协商确定，政府不应该加以干预。

尊重市场主体的正当权益为市场经济发展提供了内在动力。亚当·斯密认为，市场经济主体具有经济人属性，追求自身利益最大化。在利益驱动之下，市场主体无需政府干预即会主动运用市场规则，参与市场竞争，在自利的同时实现他利，促进社会整体福利的增加，推动经济快速发展。

二、保障经济自由的制度设计

（一）明确规定经济自由

经济自由为其他自由提供物质保障，是自然人和法人作为平等独立的社

---

[1] 参见［英］亚当·斯密：《国民财富的性质和原因的研究》，王亚南、郭大力译，商务印书馆1974年版，第253页。

会成员的基本表征,应该作为矿业权主体的基本权利明确规定。

经济自由,是指参与经济活动的主体,拥有独立的身份、地位,可以完全按照自己的意愿开展经济活动,并承担相应后果。经济自由包括财产权和经济活动自由两个方面。[1]其中,财产权是经济活动自由的前提,没有财产权利,经济自由就没有实际内容。正如哈耶克所说,"对财产权的承认,是界定能够保护人们免受强制的私域的首要措施"[2]。也就是说,经济主体只有拥有财产权利,能够占有、使用、处分自己的财产,并能排除他人的干涉,才有可能真正实现经济自由。

至于什么情况下公民自由和权利的行使才算是损害了"国家的、社会的、集体的利益和其他公民的合法的自由和权利",以及在什么情况下国家权力机关可以借此对公民的基本权利和自由予以限制,宪法和法律并没有明确的规定。实践中,对这一问题的判断一般交给国家机关尤其是行政机关自由裁量,这就为行政机关滥用权力,侵犯公民经济自由,剥夺财产权利提供了空间。

(二)矿产资源法应体现经济自由

首先,应该允许矿业权的自由转让。虽然1996年《矿产资源法》规定了矿业权转让的法定情形,但却禁止将矿业权"倒卖牟利",[3]其基本逻辑是否定矿业权的财产属性,将矿业权等同于探矿、采矿许可,所以矿业权转让等于倒卖许可证,法律禁止以此倒卖行为牟利。[4]事实上,矿业权转让是其产权属性的基本表征,牟利是其中的应有之义,国外许多勘探者正是以转让采矿权为动力,并利用转让的预期收益融资,在降低勘探风险的同时,加大矿产资源的勘探力度。[5]更重要的是,转让是矿业权市场化配置的重要环节,只有打破转让桎梏,还原矿业权的财产权属性,增强其流动性,才能吸引更多的社会资本参与上游出让环节的竞争,实现资源产权公平分配,并通过自

---

[1] 参见邸雅婧、秦强:"'月球大使馆'案件与宪法中的经济自由",载《山东社会科学》2007年第11期。

[2] 参见[英]弗里德利希·冯·哈耶克:《自由秩序原理》,邓正来译,三联书店1997年版,第173页。

[3] 参见《矿产资源法》第6条。

[4] 参见张璐:"《矿产资源法》修改中的'权证分开'问题研究",载《甘肃政法学院学报》2010年第6期。

[5] 参见王雪峰:"对《矿产资源法》的修改谈几点浅见",载《国土资源导刊》2006年第3期。

由转让，使得矿业权最终流转至最具生产性用途的市场主体手中，提高资源配置效率。因此，应该修改《矿产资源法》中关于禁止矿业权"牟利性"转让的规定，鼓励自由流转以建立健全矿业权市场。

其次，应该在《矿产资源法》中规定矿业权非经法定程序不得侵夺，并明确政府可以收回矿业权的法定情形和程序。当然，自由流转并非否定政府监管，但这种监管应当聚焦于流转主体特别是受让主体的资质管理、流转过程的价格监督而非合同效力的行政审批。《探矿权采矿权转让管理办法》将行政审批作为矿业权转让合同的生效要件，不仅带来了法律解释的牵强附会、法律适用的迂回曲折，而且导致行政权力对当事人意思自治的过度干预，提高了转让的交易成本，并为权力寻租提供空间。[1]因此，应当坚持《物权法》所采取的债权形式主义物权变动模式下的物权区分原则，规定矿业权转让合同自当事人意思表示一致后即可成立并生效，行政机关的审批和登记程序作为矿业权变动的生效要件，而非矿业权转让合同的生效要件。

---

[1] 参见蔡立东、李晓倩："行政审批与矿业权转让合同的效力"，载《政法论丛》2011年第5期。

第五章 矿业纠纷调解制度转型的法律路径

如果说制度设计具有报酬递增的显著特征，那么初始制度对变迁路径就具有决定性影响。在行政垄断问题凸显的矿产资源产业中，虽然行政调解被广泛运用于纠纷解决，但其已然面临外部和内部的双重困局；十九大提出完善社会主义市场经济体制，2018年"两会"强调完善多元纠纷解决机制，为矿业纠纷调解制度的转型指明了方向。笔者认为，矿业纠纷调解转型的基本路径是实现调解的市场化转型，即由行政机关主导调解过程转向商事调解组织相互竞争。我国矿业市场正在加速建立，本书就如何实现调解转型的法律问题展开讨论。

第一节 行政调解困局呼唤调解转型

一、行政调解面临外部制度变迁

（一）行政调解植根于行政垄断、政府管理的矿业制度环境

道格拉斯·诺思指出，制度矩阵的内部依存网络具有报酬递增特征，初始制度的得利者力求建立互补性制度来降低交易成本、实现规模经济。[1]我国国企垄断、行政垄断的矿业产权结构，要求建立政府主导的非诉解纷方式，政府主持下的行政调解构成行政垄断的互补性制度安排。

---

[1] 参见道格拉斯·C.诺思：《制度、制度变迁与经济绩效》，杭行等译，格致出版社2014年版，第111-112页。

一方面，行政垄断的产权结构，提高了行政调解的成功概率。首先，国有企业与行政机关存在矿权控制关系。这不是通过市场竞争形成的经济垄断，而是借助行政权力建构的行政垄断。行政机关主导矿业权分配环节，帮助国有企业控制资源矿业权，排斥民营资本参与矿业权竞争，成为国有企业构建矿业控制的制度基础。在权力激励替代产权激励的资源产业中，国有企业为维持其对矿业权的控制地位，必然尽力遵从资源管理机关的调解建议。其次，国有企业与行政机关存在资本控制关系。无论是国有独资还是国家控股，国有企业均由中央或地方国资委投资。较强的资本纽带、密切的关联关系，使得矿业国企之间的纠纷更易通过实际控制人的行政调解来化解。最后，国有企业与行政机关存在历史渊源关系。我国矿业国有企业多由矿业管理机关改制而来，在管理模式等方面与行政机关保持着高度一致，"旋转门"现象的大量存在又强化了双方的人员联系，使得国有企业更易接受行政机关的调解建议。

另一方面，政府资源管理的管制制度，降低了行政调解的交易成本。长期以来，我国政府对矿业实行全过程管制，不仅限于对矿业生产的监督检查，而且包括对矿产资源的权利分配。政府主管部门在分配资源、管理产业的同时，对矿业企业，尤其是国有企业间的纠纷进行调解，可以避免新建机构、配备人员所导致的组织成本；政府通过控制资源分配来管理资源产业，企业通过迎合权力激励来保持优势地位，这一过程使得政府的行政立法得以贯彻、资源管理模式实现强化、矿业国企行动保持一致，减少了反复调解、程序冗长带来的运行成本。

由此可见，行政垄断、政府管理的矿业制度，通过排斥市场竞争、弥合利益冲突，消除了矛盾纠纷的产生根源，降低了行政调解的交易成本，使行政调解得以展现"定分止争"的制度绩效。

（二）行政调解经历着市场竞争、政府监管的矿业制度转型

国家战略变革要求矿业制度变迁。尽管在资本匮乏时期实行政府计划，有助于我国矿业规模的迅速扩大，但是市场竞争机制的长期运转不畅，有碍于产业发展效率的进阶提升。[1]特别是政府主导的资源分配制度，造就矿权

---

[1] 参见林毅夫、龚强："发展战略与经济制度选择"，载《管理世界》2010年第3期。

垄断，阻碍市场竞争，抑制企业创新，形成路径依赖，已经成为我国矿业发展的主要瓶颈。冲破路径依赖不仅需要法律制度的变迁，而且仰仗国家战略的变革。[1]为了实现产业升级，践行公平分配，完善矿业市场，提高产权效率，党中央和政府提出了新时期的战略规划。从十八届三中全会的"发挥市场配置资源的决定作用""公平分配生产要素"，到十九大的"完善市场经济体制"，属于改革"深水区"的矿业市场构建成为改革工作的重点之一。2017年矿业权出让试点工作拉开帷幕，2018年国务院机构改革方案落地，标志着国家战略指导下的矿业制度转型步伐正在加快。

国家战略指导下的矿业制度转型必然引发产业矛盾变化，[2]进而对以行政调解为主的非诉讼纠纷解决方式提出挑战。一方面，矿业市场构建为企业之间的竞争提供了平台。民营企业希望借助市场转型的契机，打破行政垄断，实现公平分配，分享竞争利益；这种利益、权利冲突构成转型阶段矿业市场的主要矛盾。因为双方缺乏资金、人员纽带和共同的实际控制人（国有资产管理部门），所以这种矛盾很难通过政府的行政调解来解决。另一方面，矿业市场构建为政企关系的改变提供了契机。矿业制度转型要求政府职能由资源分配转向市场监管，激励模式由权力激励变为产权激励，减少了企业对政府的资源权属依赖，切割了产业上游的政企利益链条，增加了政企间因监管行为的矛盾纠纷，提高了政府行政调解的交易成本。

二、行政调解囿于内部制度缺陷

（一）行政调解的公正性难以保证

矿产资源产业的利益集团遵循利益分化和利益组织化的成长逻辑。[3]一方面，制度转型导致利益分化。计划经济时期，政府统一管理矿产资源勘探开采，履行行政职务而不追逐经济利益。资源产业的利益分化并未出现；进入转型阶段，由矿业管理机关改制而来的国有企业，凭借行政划拨和行政立

---

[1] 国家战略对制度选择具有决定作用。参见肖国兴："《能源法》制度设计的困惑与出路"，载《法学》2012年第8期；林毅夫、龚强："发展战略与经济制度选择"，载《管理世界》2010年第3期。

[2] 参见吴敬琏："中国：政府在市场经济转型中的作用"，载《河北学刊》2004年第4期。

[3] 参见陈水生："中国利益集团的成长逻辑与动力机制研究"，载《南京社会科学》2011年第7期。

法垄断矿业权，获取巨额垄断利润；遵循市场规则自发成长的民营企业，只能参与矿产资源产业的中下游环节，难与国企开展竞争。[1]矿业市场的利益分化逐步形成。另一方面，集体行动促成利益组织化，在矿产资源产业继续维持行政垄断的政经体制和传统路径。

（二）行政调解规范性存在缺陷

第一，行政机关的权力边际不明确。如果说环境纠纷调解的法律依据是《环境保护法》，[2]那么矿业纠纷调解的法律依据就应该是《矿产资源法》。《矿产资源法》授权政府"处理"矿山企业的矿区范围争议，[3]为行政机关调解矿业纠纷提供了正当性基础，但却模糊了行政调解与行政裁决的权力边际，使得行政机关既能不经调解径行裁决，也可在当事人不接受和解方案时裁决，甚至在裁决前排除当事人的起诉权利。[4]由此可见，矿业纠纷的行政调解只是行政裁决的非必要前置程序，当事人不接受调解方案就必须面对同一机关的裁决结果，对裁决结果不服只能发动行政诉讼而非民事诉讼。这种制度设计迫使当事人基于纠纷解决成本接受调解协议，有违自愿调解的基本原则。

第二，行政调解的协议效力不明确。现行立法缺少对行政调解协议效力的明确规定，造成了理论上的争论和实践中的执行困难。2009年四川省政府《关于加强行政调解工作的意见》、2011年江苏省政府《关于加强行政调解工作的意见》均要求当事人"自觉履行行政调解协议"，[5]却没有规定调解协议的行政或司法确认程序；2015年《北京市行政调解办法》允许当事人申请公证或申请法院确认调解协议效力，但没有规定拒不履行协议时的强制执行

---

〔1〕 参见刘瑞明、石磊："上游垄断、非对称竞争与社会福利——兼论大中型国有企业利润的性质"，载《经济研究》2011年第12期。

〔2〕 参见计洪波："环境行政调解的法律依据、制度框架和法律效力"，载《郑州大学学报（哲学社会科学版）》2018年第2期。

〔3〕 参见《矿产资源法》第49条。

〔4〕 判例显示，法院认为涉及矿区范围的争议，属于行政机关处理的范围，不属于法院受理民事案件的范围。参见2014年"周传乙与秦永元采矿权纠纷二审民事判决书"。

〔5〕 2009年四川省政府《关于加强行政调解工作的意见》规定，"经行政机关调解的争议纠纷，达成协议的，行政机关应当制作调解书。当事人应当按照约定自觉履行行政调解协议，不得擅自变更或者解除。" 2011年江苏省政府《关于加强行政调解工作的意见》规定"行政调解协议经各方当事人认可并签字或盖章后，即对调解当事人具有约束力，当事人应当自觉履行"。

程序。理论上，针对行政调解协议的效力问题，存在无法律效力说、合同效力说、高于一般民事调解协议效力说等诸多学说，不一而足；[1]实践中，当事人面对拒不履行调解协议的情形，往往只能诉诸行政裁决或法院裁判，却没有法律依据请求强制执行，这不仅增加了当事人的纠纷解决成本，而且降低了行政机关调解的积极性，削弱了行政调解在制度竞争中的优势。

第二节 矿业市场构建牵引调解转型

2017年矿业权出让试点工作正式开始，拉开了矿业市场化转型的帷幕。笔者认为，我们应该把握矿业市场构建的重要契机，降低调解制度的转型成本，引导调解制度的转型方向。

一、扩大市场规模降低边际成本

（一）市场规模扩大导致矿业纠纷增多

矿业市场的构建依赖法律制度的转型。法律制度作为社会变迁的工具，其优势在于具有正当性、一定程度的理性、权威性、制度化，一般不具有破坏性并且有一套机制保障其实施。[2]基于法律制度在推动社会变迁中的重要作用，2017年6月，中共中央、国务院发布《矿业权出让制度改革方案》，决定在山西等六省开展矿业权出让试点，规定除特殊情形外，矿业权一律以招标、拍卖、挂牌等竞争方式出让，将协议出让范围严格控制在国务院确定的特定勘查开采主体和批准的重点建设项目以及大中型矿山设置的采矿权深部之内；2017年6月，最高人民法院发布《关于审理矿业权纠纷案件适用法律若干问题的解释》，规定除法律、法规另有规定外，矿业权出让合同、转让合同自成立时生效，转让申请未经主管部门批准，不得办理矿业权变更登记手续。

试点方案和司法解释的制度设计体现出促进市场交易、保护交易安全、

---

[1] 参见赵银翠："论行政调解协议的效力——以构建统一调解制度为视角"，载《山西大学学报（哲学社会科学版）》2011年第5期。

[2] 参见［美］史蒂文·瓦戈：《法律与社会》，梁坤、邢朝国、郭星华译，中国人民大学出版社2011年版，第252页。

降低交易成本、提高产权效率的核心思想，它们的出台为矿业市场的形成完善开拓了制度空间。试点方案厉行矿业权竞争取得制度，冲击矿业权行政垄断结构，推动矿业权一级市场形成；司法解释强化矿业权自由转让制度，彰显矿业权财产权利属性，促进矿业权二级市场完善。随着市场规模的不断扩大，产权主体的多元发展，主体间的博弈与竞争也会愈演愈烈，由矿业权取得、转让行为引发的纠纷无疑将成为下一阶段我国矿业纠纷的主旋律。

（二）受案数量剧增使得边际成本降低

边际成本是每增加一单位产出所带来的成本。[1]如果将进入调解程序的案件视为调解组织的产出，那么每调解一起案件所增加的成本即为边际成本。商事调解组织的边际成本随着受案数量的剧增呈现出显著的递减特性。这是因为调解组织的建设和运行需要一定的固定投入，比如办公场所的租赁、办公设备的购买等，无论调解组织是否受理案件这些成本都会发生。在公平竞争的矿业市场环境中，矿权实行强制出让，矿业纠纷急剧增多，行政调解日渐乏力，商事调解组织的受案数量迅速增加。若固定成本保持不变，受案数量增加使得每起案件分担的固定成本上升，边际成本下降，配合调解收费制度的推行，调解组织的边际收益得以提升。相反，在行政垄断的产业发展模式下，矿权通过行政划拨，矿业纠纷数量较少，行政调解居于主导，鲜有其他调解组织受理矿业纠纷的案例。因此，调解组织的固定投入无法得到分担，商事调解组织难以持续经营。

二、鼓励市场竞争降低交易成本

（一）市场竞争加剧技术创新激励

矿业市场的构建开拓了公平竞争的环境，激励企业通过技术创新来获得高额利润。互联网技术基于其便捷无界的优势，在技术创新浪潮中扮演桥头堡的重要角色，为各行业创建"互联网+"模式提供技术支撑。依托互联网技术，近年来我国在线调解平台迅速发展，当事人、第三人利用电子邮件、电子布告栏、电子聊天室、语音设备、视频设备、网站系统软件等技术打造的网络

---

[1] 参见［美］保罗·萨缪尔森、威廉·诺德豪斯：《经济学》，萧琛译，商务印书馆2013年版，第118页。

环境，在无需会面的情况下进行传输、交流、沟通，最终达成调解协议。[1]其中，法院构建的诉调对接平台最为典型，如上海市高级人民法院主持建立的在线调解平台，不仅能够链接调解机构、选取调解人员、推进调解程序，而且能对调解协议进行在线司法确认，为调解工作的开展提供便利。

网络技术创新对调解制度发展的意义集中体现在能够提高纠纷解决的效率。相对于诉讼制度，调解组织本身缺少国家机关的权力背书，在制度竞争中居于先天劣势地位，唯有为当事人提供更为高效的解纷服务，方可在制度竞争中脱颖而出。仅以"免费"作为关键词来吸引当事人，尽管能在短期内挤占解纷市场份额，但从长期来看，则会导致专业人才流失、调解案件泛滥、制度吸引力下降等问题。因此，笔者认为，调解制度的生命在于效率，解纷效率的提高则依托技术，我们应该把握网络技术创新的契机，推动调解制度核心竞争力由"廉价"向"高效"转型。

（二）技术创新提速降低交易成本

网络技术之所以能够提高调解效率，原因在于能够降低调解的交易成本。一方面，网络技术能够降低获取商事调解信息的成本。我国解纷市场上存在信息不对称问题，调解作为一种非诉讼纠纷解决方式，其公众认知度远远低于诉讼制度。不少当事人对调解组织及其程序、效力知之甚少，仅将诉讼作为唯一的解纷路径，错失选择高效解纷方式的机会。在线调解平台的发展有助于解决信息不对称问题，它不仅能够方便当事人查找调解组织、联系调解人员，而且能通过汇编法规、分享案例等形式，增强当事人对调解效力、协议执行等问题的预期，提高商事调解制度的社会认知度。另一方面，网络技术能够降低参与商事调解过程的成本。首先，网络技术有助于降低时间成本。当事人的申请递交、信息传递、协议送达均可以通过网络完成，节约了大量的时间成本和费用支出；其次，网络技术有助于突破地域限制。它不仅能够扩大调解组织受案范围，使得专业调解组织能够受理跨区域的案件，而且能够便利当事人参与调解程序，无论当事人身在何处，只要使用网络设备即可参与调解。

---

[1] 参见郑世保："在线解决纠纷机制的类型化研究"，载《郑州大学学报（哲学社会科学版）》2014年第5期。

第三节 政府强化市场助推调解转型

如果说矿业市场构建能够降低调解制度的转型成本,那么政府可通过强化市场来助推调解制度的转型进程,强化市场的基本路径就是充分保护产权、保障契约履行。[1]笔者认为,我国矿产资源主管部门应该以厉行产权保护为使命,以遏制分利集团为途径,以提高转型收益为目标,为强化矿业市场和调解制度转型提供助力。

一、政府保护产权以优化调解环境

(一) 矿业产权保护奠基市场构建

矿业调解转型依赖于矿业市场构建,而矿业市场形成建基于矿业产权保护。首先,产权保护促进资本投入,扩大市场规模。矿产资源产业不仅需要下游的交易市场,而且需要上游的探采市场。矿业权出让试点正是为了打破国有企业对产业上游的垄断,实现矿业权的公平分配,为探采环节开拓市场空间。众所周知,资源勘探开采属于资本密集型产业,具有资金投入量大、回收期长的特点,其产业吸引力必须建立在财产权充分保护的基础上。假如他人能够肆意侵夺财产权利,那么投资人必将血本无归,矿业市场的形成也如镜花水月,山西煤炭能源整合正是典型例证。其次,产权保护鼓励市场竞争,激励技术创新。无论是网络技术、还是探采技术的创新,其目的都是建构竞争优势、追逐超额利润。只要充分保护产权、规范竞争秩序,权利人在利益的驱动下,就会主动试错、投入资本、参与竞争。正是由于产权保护在市场构建中的基础地位,政府可以通过保护产权,加速矿业市场建设,优化商事调解环境。

(二) 政府职权整合厉行产权保护

2018年3月,全国人大通过新一轮国务院机构改革方案,决定组建自然资源部,整合国土部、发改委等部门职权,不再保留国土资源部、国家海洋

---

[1] 参见 [美] 曼瑟·奥尔森:《权力与繁荣》,苏长和、嵇飞译,上海世纪出版集团2014年版,第3页。

局、国家测绘地理信息局。笔者认为，自然资源部门应履行自然资源资产所有者职责，对矿产资源产权进行确认和保护，具体应重点关注以下工作：

第一，自然资源部门应履行矿业权出让合同，保护矿业权人的财产权利。2017年矿业权出让试点开始，矿业权采用竞争方式出让，脱颖而出的企业需与政府签订出让合同，并经政府颁发许可证后方可取得矿业权。出让合同约定矿业权范围、期限等内容，具有设定财产权利的基本功能，符合行政协议的主要特征，对政府和企业具有法律约束力。政府应该依约履行合同义务，不得擅自变更、解除合同，否则应承担违约责任。

第二，自然资源部门应完善矿业权登记制度，还原矿业权的财产权属性。既然作为国家基本法的《物权法》规定了矿业权，肯定了其财产权利属性，那么矿业权就应该准用物权法的一般原则，以登记作为其生效要件。然而，行政机关固守《矿产资源法》的规定，要求企业经政府审批、发放许可证后方可进行资源开采，与《物权法》的立法精神相悖。笔者认为，虽然审批和登记都是行政许可的方式，但是二者对产权的羁束力完全不同，审批体现出政府对产权设定的事前决定，而登记意味着政府对产权设定的事后确认。新组建的自然资源部门应该遵循《物权法》的原则，变矿业权审批取得为登记取得，完善矿业权登记制度，弱化政府对产权的管束，还原矿业权的财产属性。

二、政府遏制利益集团以提高调解收益

政府不仅可以通过保护财产权利、构建矿业市场，优化调解环境，而且可以通过切割集团利益、供给法律制度，提高调解收益。调解收益的提高既体现为调解结果公正的保障，又体现为协议达成难度的降低。

（一）政府切割利益保障调解公正

正因如此，为了保障调解公正，新组建的自然资源部门应该设法切割利益链条。切割利益链的基本思路是使政府机关退出调解程序，由市场化的商事调解机构对矿业纠纷进行调解。一方面，商事调解机构不享有设定或确认矿业权的行政权力，无论国有企业还是其他集团都不能通过该机构来垄断矿权。另一方面，商事调解机构既不能运用行政权力分享资源租金，又没有强烈的政治利益诉求，不需要寻求国有企业和其他集团对自己的政治经济支持，

因此也不存在偏向任何一方的动机。

(二) 政府供给制度降低调解难度

从 1998 年《办法》到 2003 年《办法（试行）》，再到晋煤整合时山西省政府颁行的一系列文件，都是带有明显利益倾向的非理性制度安排，不仅固化了某些国企集团的垄断权利，而且割裂了政府与市场的共容利益，很难被追求公平竞争的市场主体所接受和遵从，增加了达成协议的困难度，导致了纠纷解决的不彻底。

正因如此，新组建的自然资源部门应该充分运用行政立法职权，推动法律制度的理性化。具体而言，政府的制度供给应该以保护产权、鼓励竞争为原则，赋予不同性质的企业参与矿业权竞争的同等机会，并为所有企业的矿业权提供同等力度的保护。这种理性的制度安排不仅符合市场主体的制度需求，引导市场主体自觉遵守法律规范，降低调解协议的达成难度，而且为市场主体带来长效激励，促使市场主体设法保护自身产权，降低法律制度的执行成本。

第四节 法律制度设计成就调解转型

一、加强对调解组织的监管

对调解组织监管包括事前监管和事后监管两方面，事前监管强调调解组织的准入，事后监管强调竞争秩序的维护。加强监管应该从两方面着手分别进行制度设计。

(一) 完善调解组织的登记制度

如果将调解转型的制度需求归纳为支撑其市场化进程，那么制度供给的基本目标就应是实现竞争机制的有效运转。竞争机制不仅能够倒逼调解组织探索调解技巧，提高调解效率，而且能够淘汰偏离公正理念的调解组织，保障调解公平。竞争机制的有效运转首先要求调解组织的自由建立。具体而言，一是要确立登记设立调解组织的设立原则。只要相关机构提出申请，经审查符合准入条件，就应允许其登记成为调解组织。二是要明确调解组织的登记机关和准入条件。司法行政机关作为人民调解指导机关，在调解工作方面具有丰富的经验、必要的机构、相应的人员，由其担任调解登记机关有助于节约制度成本、降低转型阻力；司法行政机关应该规定调解组织的准入条件，包括调解场所、调解人员、必要资金、机构章程等。

（二）实行调解组织的责任制度

除了调解组织的自由建立，竞争机制的有效运转还要求竞争秩序的充分保障。无序竞争非但不能发挥竞争机制绩效，还会引发公正缺失、价格畸低、人员混乱等问题。因此，需要建立调解组织责任制度，以规范竞争秩序，防范无序竞争。一方面，应当确立当事人的举报制度，允许当事人对调解组织在人员、收费、结果等方面存在的问题进行举报。司法行政机关经调查核实，发现确实存在违规情形的，应追究调解组织及有关人员的责任。另一方面，应该明确调解组织责任形式，包括赔礼道歉、赔偿损失、取消调解员资格、撤销调解许可等。

二、规范诉调对接适用范围

（一）谨慎适用委托调解制度

早在 2003 年我国一些基层法院就开始尝试将民事案件委托给人民调解组织进行调解，2004 年最高人民法院出台《关于人民法院民事调解工作若干问题的规定》，正式确立了委托调解制度。此后，各地法院广泛适用委托调解，既有诉前委托又有诉讼中委托，近年来还出现了委托行业协会调解的试点。

笔者认为，尽管委托调解确实有助于减轻法院讼累，但它同时可能有碍于调解组织的公平竞争。因为法院在委托调解时，往往只征求当事人是否接受调解的意见，不会对调解组织及调解人员的情况进行具体说明，选择哪个调解组织及调解人员的选用均由法院决定。法院对调解机构的决定权，可能使得某个调解组织获得市场竞争中的优势地位，妨碍其他组织开展竞争，拖累调解市场化转型进程。

因此，笔者认为，应当谨慎适用委托调解制度，限制法院对调解组织的决定权。可以建立诉调对接平台，公示调解组织和调解员名录，对调解员进行介绍，由当事人选择调解员进行调解。切忌由法院替代当事人进行选择，防止行业垄断和权力寻租。

(二) 明确司法确认适用情形

尽管《人民调解法》将司法确认的范围严格限制在人民调解委员会调解达成的协议中，[1]但《民事诉讼法》却并未禁止就其他调解组织调解达成的协议申请司法确认。[2]实践中，司法行政机关恪守《人民调解法》的规定，强调只有人民调解协议才能进行司法确认；然而最高人民法院却出台相关司法解释，坚持经非诉调解组织调解达成的协议均可申请司法确认。[3]笔者认为，无论是人民调解还是其他非诉解纷机制，其制度设计的目标均在于高效解决纠纷。人民调解组织以外的其他调解组织，只要符合准入条件、遵守调解程序、开展公平竞争，其调解活动就有助于提高解纷效率、无异于人民调解活动。不仅如此，在市场化转型的背景之下，其他调解组织还更加有利于调解的专业化发展。因此，笔者认为应当明确司法确认的适用情形，遵守民事诉讼法司法解释的规定，允许经非诉调解组织调解达成的协议也可申请司法确认。

三、明确调解活动收费标准

如果说建立市场机制是矿业调解转型的基本路径，那么调解组织就应被打造为自负盈亏的市场主体。自负盈亏的前提是允许调解活动收取费用。首先，调解收费有助于发挥竞争机制作用，促使调解组织提高调解效率，加快调解行业市场化转型进程；其次，调解收费有助于发挥价格机制作用，激励高层次人才投身调解行业，推进调解专业化、职业化发展；再次，调解收费有助于发挥供求机制作用，引导商事调解组织广泛建立，满足解纷方式多元化的需求；最后，调解收费还能减轻政府财政负担，使有限资金投入免费的人民调解等领域，实现财政资源的优化配置。

正因如此，法律制度设计应该允许调解收费、明确收费标准。具体而言，一是要明确调解费用的计算标准。既可以按照案件标的收费，也可以按照案

---

[1] 参见《人民调解法》第33条。
[2] 参见《民事诉讼法》第194条。
[3] 参见最高人民法院《关于适用〈中华人民共和国民事诉讼法〉若干问题的解释》第353条。

件调解时间、调解员介入阶段收费，当然还应允许调解组织根据各个案件的调解难度酌情调整收费额度；二是要明确调解费用的分成方式。尤其要规定调解员提成比例，以激发调解人员的创新精神；三是要明确调解费用的收取对象。建议向双方而非一方收取费用，以防止单方收费影响调解公正。

四、规范调解人员职业准入

矿业调解的转型，不仅需要市场化的调解组织，而且需要职业化的调解人员。调解人员的职业化要求规范准入制度，包括规范准入条件和准入程序两个方面。

从准入条件来看，熟练掌握法学知识应当成为取得调解员资格的必要条件。尽管调解讲求法、理、情并举，但依法调解始终居于首要地位。尤其是在我国法治进程不断提速的背景下，脱离法律制度和司法判例的调解活动，很难取得实质突破、达成调解协议。由此可见，调解活动对法学专业具有明确的人才需求。然而，我国大量的法学专业学生，毕业后从事了非法律工作，没能为调解活动进行人才供给，造成了法学教育资源的浪费和法学人才供需的矛盾。因此，笔者认为，与其花费成本培养调解人员，不如充分吸收现有法学人才，将调解作为法学专业就业的重要方向，与律师、法官、检察官一样，要求调解人员必须具有法学相关学位。

从准入程序来看，通过法律资格考试应当作为取得调解员资格的必经程序。由律师资格考试到国家司法考试，再到法律职业资格考试，我国法律职业的全国性考试制度已然实行经年，不仅积累了丰富的运行经验，而且建立了完善的考评机制。既然当代调解活动主要依赖于法学知识，那么调解员准入就应依托现有法律考试，既能确保调解员具备必要的专业知识，又能避免重建制度所带来的成本支出。笔者认为，只要通过法律职业资格考试，从事法律职业满一定年限的人员，都可以申请成为调解员。当然，这一制度不应具有溯及力，已经进入调解员名录的调解员无需再通过法律职业资格考试。

CONCLUSION
结　论

十八届三中全会提出了实现公平分配的目标，资源公平分配在法律上体现为权利公平分配。笔者认为以经济自由为核心的市场机制，不仅是提升能源效率或经济效率的有效途径，而且是实现页岩气矿业权公平分配的路径依赖。公平分配首先应该确保分配过程的公平竞争，其次需要考虑分配结果的相对平等。据此，法律制度设计的目标应该是在矿业权分配环节建立市场竞争机制，使得国有企业和民营企业都能公平地参与矿业权竞争。本书总体概括如下：

第一，现阶段矿业权不公平分配集中体现为缺乏市场竞争，抑制企业创新，已经成为我国页岩气市场发展的瓶颈。因此，必须从上游切割利益链，打破行政垄断，实现矿业权公平分配，才能促进中下游有效竞争，激励破坏性创新，提升能源效率。

第二，页岩气矿业权不公平分配的根源在于缺乏以市场为主导的分配机制。存在行政垄断以及行业壁垒。

第三，在矿业权分配环节构建竞争性市场，以替代政府的主导性权力，是实现矿业权公平分配的基本路径。一方面，通过市场竞争取得矿业权，有助于提升能源效率，增加页岩气供给，满足消费需求，践行差别原则；另一方面，市场竞争有助于实现资源租金的全民共享。

第四，为了构建矿业权市场，立法应该承认矿业权的财产权属性，变矿业权审批取得为登记取得。在此基础上，法律制度设计应围绕健全出让制度、追求资本优先、限制政府权力、践行经济自由进行。

第五，矿业制度变迁引发产业矛盾变化，使得行政调解无力应对新型纠纷，亟待转型。应加强矿业市场制度构建，降低转型成本，引导调解市场化转型方向，同时应注重矿业管理制度变革，提高转型收益，推动调解市场化转型进程。法律制度设计应以激励调解组织市场竞争为核心，围绕完善市场准入、维持竞争秩序、规范诉调对接、明确收费标准等内容展开。

REFERENCES
参考文献

一、著作及译著类

1. 肖国兴、肖乾刚:《自然资源法》,法律出版社 1999 年版。
2. 王利明:《中国物权法草案建议稿及说明》,中国法制出版社 2001 年版。
3. 梁慧星:《中国物权法研究》,法律出版社 1998 年版。
4. 崔建远:《准物权研究》,法律出版社 2012 年版。
5. 李显冬:《中国矿业立法研究》,中国人民公安大学出版社 2006 年版。
6. 梁慧星、陈华彬:《物权法》,法律出版社 2004 年版。
7. 王克稳:《行政许可中特许权的物权属性与制度构建研究》,法律出版社 2015 年版。
8. 黄锡生:《自然资源物权法律制度研究》,重庆大学出版社 2012 年版。
9. 王俊豪:《政府管制经济学导论》,商务印书馆 2001 年版。
10. 厉以宁:《中国经济双重转型之路》,中国人民大学出版社 2013 年版。
11. [美] 约翰·托马西:《市场是公平的》,孙逸凡译,上海社会科学院出版社 2016 年版。
12. [德] 沃尔夫:《物权法》,吴越、李大雪译,法律出版社 2004 年版。
13. [美] 道格拉斯·C. 诺思:《经济史中的结构和变迁》,厉以平译,上海三联书店 1994 年版。
14. [美] 道格拉斯·C. 诺思:《西方世界的兴起》,厉以平、蔡磊译,华夏出版社 2002 年版。
15. [美] 道格拉斯·C. 诺思:《制度、制度变迁与经济绩效》,杭行译,格致出版社 2014 年版。
16. [美] 保罗·萨缪尔森、威廉·诺德豪斯:《微观经济学》,萧琛译,人民邮电出版社 2004 年版。
17. [美] 约瑟夫·E. 斯蒂格利茨:《公共部门经济学》,郭庆旺译,中国人民大学出版社

2005年版。

18. ［美］约瑟夫·E. 斯蒂格利茨：《经济学》，张帆等译，中国人民大学出版社2010年版。

19. ［美］约瑟夫·E. 斯蒂格利茨：《发展与发展政策》，纪沫、仝冰、海荣译，中国金融出版社2009年版。

20. ［美］约瑟夫·熊彼特：《经济发展理论》，叶华译，商务印书馆1990年版。

21. ［美］约瑟夫·熊彼特：《资本主义、社会主义和民主》，杨中秋译，电子工业出版社2013年版。

22. ［德］魏伯乐等：《私有化的局限》，王小卫、周缨译，上海人民出版社2006年版。

23. ［美］罗伯特·考特、托马斯·尤伦：《法和经济学》，施少华等译，上海三联书店2010年版。

24. ［英］亚当·斯密：《国民财富的性质和原因的研究》，王亚南、郭大力译，商务印书馆1974年版。

25. ［英］弗里德利希·冯·哈耶克：《自由秩序原理》，邓正来译，三联书店1997年版。

26. ［美］查尔斯·沃尔夫：《市场，还是政府》，谢旭、陆俊译，重庆出版社2009年版。

27. ［美］蒂莫西·耶格尔：《制度、转型与经济发展》，陈宇峰、曲亮译，华夏出版社2010年版。

28. ［美］曼瑟尔·奥尔森：《集体行动的逻辑》，陈郁、郭宇峰、李崇新译，格致出版社2014年版。

二、编著类

1. 佟柔主编：《中国民法》，法律出版社1990年版。

2. 江平主编：《中国物权法教程》，知识产权出版社2007年版。

3. 赵中孚主编：《民事立法评介》，中国人民公安大学出版社2003年版。

4. 杨振山主编：《民商法实务研究·物权卷》，山西经济出版社1994年版。

5. 余能斌主编：《现代物权法专论》，法律出版社2002年版。

6. 王建平主编，《民法法典化研究》，人民法院出版社2006年版。

7. 姚红主编：《中华人民共和国物权法精解》，人民出版社2007年版。

8. 柳经纬主编：《物权法》，厦门大学出版社2005年版。

9. 江平主编：《中国矿业权法律制度研究》，中国政法大学出版社1991年版。

10. 曲格平主编：《环境与资源法律读本》，解放军出版社2002年版。

11. 薛平编著：《资源论》，地质出版社2004年版。

12. 傅英主编：《中国矿业法制史》，中国大地出版社2001年版。

13. 应松年主编：《行政行为法》，人民出版社1993年版。

14. 曹树培主编：《地质矿产行政法》，中国政法大学出版社 1993 年版。

15. 刘恒主编：《行政许可与政府管制》，北京大学出版社 2007 年版。

16. 王叔文主编：《市场经济与宪政建设》，中国社会科学出版社 2001 年版。

17. 顾功耘主编：《经济法教程》，上海人民出版社 2007 年版。

18. 肖国兴、叶荣泗主编：《中国能源法研究报告（2008）》，法律出版社 2009 年版。

19. 胡德胜编著：《美国能源法律与政策》，郑州大学出版社 2010 年版。

20. 卫德佳主编：《石油天然气法律制度研究》，石油工业出版社 2010 年版。

21. 黄进主编：《中国能源安全问题研究：法律与政策分析》，武汉大学出版社 2008 年版。

22. 叶荣泗、吴钟瑚主编：《中国能源法律体系研究》，中国电力出版社 2006 年版。

23. 张勇编著：《能源资源法律制度研究》，中国时代经济出版社 2008 年版。

24. 杨解君主编：《欧洲能源法概论》，中国出版集团、世界图书出版公司 2012 年版。

25. 王先林等：《经济法学专题研究》，法律出版社 2013 年版。

三、杂志类

1. 肖国兴："能源发展转型与《能源法》的制度抉择——纪念《法学》复刊 30 周年·名家论坛（八）"，载《法学》2011 年第 12 期。

2. 肖国兴："可再生能源发展的法律路径"，载《中州学刊》2012 年第 5 期。

3. 肖国兴："论中国节能减排的法律路径"，载《郑州大学学报（哲学社会科学版）》2010 年第 6 期。

4. 肖国兴："能源革命背景下能源发展转型的法律抉择"，载《法学》2014 年第 11 期。

5. 肖国兴："论国家煤炭资源所有权的实现"，载《煤炭经济研究》1993 年第 2 期。

6. 程雪阳："中国宪法上国家所有的规范含义"，载《法学研究》2015 年第 4 期。

7. 张璐："《矿产资源法》修改中的'权证分开'问题研究"，载《甘肃政法学院学报》2010 年第 6 期。

8. 杨泽伟："我国能源安全保障的法律问题研究"，载《法商研究》2005 年第 4 期。

9. 李浩然："论矿业权的法律秩序"，载《理论学刊》2013 年第 5 期。

10. 李显冬、石文墨："矿业权的私权法律属性"，载《北京石油管理干部学院学报》2007 年第 2 期。

11. 王克稳："论自然资源国家所有权的法律创设"，载《苏州大学学报（法学版）》2014 年第 3 期。

12. 王克稳："我国行政审批与行政许可关系的重新梳理与规范"，《中国法学》2007 年第 4 期。

13. 王克稳："我国行政审批制度的改革及其法律规制"，载《法学研究》2014 年第 2 期。

14. 张曙光："试析国有企业改革中的资源要素租金问题——兼论重建'全民所有制'"，

载《南方经济》2010 年第 1 期。

15. 刘瑞明、石磊："上游垄断、非对称竞争与社会福利——兼论大中型国有企业利润的性质"，载《经济研究》2011 年第 12 期。

16. 黄新华："制度创新的经济学理论"，载《理论学刊》2004 年第 1 期。

17. 张晓东："以制度创新为杠杆 推动企业技术创新"，载《江汉论坛》1999 年第 11 期。

18. 李玉虹、马勇："互动：技术创新与制度创新关系的理论比较"，载《经济学家》2001 年第 1 期。

19. 高健、秦龙："论我国弱势群体的机会公平保障问题"，载《中州学刊》2014 年第 2 期。

20. 蔡立东、李晓倩："行政审批与矿业权转让合同的效力"，载《政法论丛》2011 年第 5 期。

21. 陈水生："中国利益集团的成长逻辑与动力机制研究"，载《南京社会科学》2011 年第 7 期。

22. 刘伟："均衡价格定理的三个悖论"，载《当代经济研究》2017 年第 1 期。

23. 倪秋菊、倪星："政府官员的'经济人'角色及其行为模式分析"，载《武汉大学学报（哲学社会科学版）》2004 年第 2 期。

24. 张小蒂、王焕祥："制度竞争：从比较优势到竞争优势"，载《学术月刊》2003 年第 9 期。

25. 王冰、刘成奎："我国中小企业的技术创新与制度创新分析"，载《武汉大学学报（人文科学版）》2004 年第 6 期。

26. 李晓燕："论矿产资源国家所有者权益的实现"，载《经济问题》2013 年第 6 期。

27. 秦汉锋："技术创新与制度创新互动关系理论的比较"，载《经济科学》1999 年第 5 期。

28. 叶秀娟："中国'市场'地位的变迁及其启示"，载《当代世界与社会主义》2015 年第 2 期。

29. 邸雅婧、秦强："''月球大使馆'案件与宪法中的经济自由"，载《山东社会科学》2007 年第 11 期。

30. 龚天平："论经济自由"，载《华中科技大学学报（社会科学版）》2014 年第 3 期。

31. 王雪峰："对《矿产资源法》修改谈几点浅见"，载《国土资源导刊》2006 年第 3 期。

32. 罗佐县："美国页岩气勘探开发现状及其影响"，载《中外能源》2012 年第 1 期。

33. 王玲玲、邹晓明、马杰："我国矿业权市场要素研究"，载《中国矿业》2011 年第 11 期。

34. 焦彦斌、张彬、吕新彪："浅谈矿业权评估存在的问题及对策"，载《煤炭经济研究》2009 年第 4 期。

35. 欧阳杉、甘开鹏："对完善我国矿业权转让法律制度的思考"，载《长江大学学报（社会科学版）》2007年第1期。

36. 许书平、孔宁、车如风："我国矿业权分级审批制度研究"，载《中国矿业》2016年第5期。

37. 高春芽："集体行动的逻辑及其困境"，载《武汉理工大学学报（社会科学版）》2008年第1期。

38. 刘俊祥："政治公平化：中国特色政治发展的创新追求"，载《哈尔滨工业大学学报（社会科学版）》2015年第1期。

39. 梁冬梅等："《物权法》视野下《矿产资源法》的局限性——兼论其法典化立法模式确立的可行性"，载《黄金》2011年第4期。

40. 仲精旺："电力体制改革究竟改什么"，载《广西电业》2014年第11期。

41. 许勤华："中国能源生产与消费取向：自发达国家行为观察"，载《改革》2014年第8期。

42. 韩文科："加快推进我国能源结构调整"，载《环境保护》2013年第20期。

43. 逆流："页岩气—不可忽视的能源革命"，载《矿业装备》2013年第3期。

44. 张新华、蔡文之、戈特瓦尔德："世界能源革命的前沿和趋势"，载《社会观察》2004年第9期。

45. 周洁、白木："能源革命：时代的呼唤"，载《山西能源与节能》2002年第2期。

46. 郭苏："太阳能：世界能源革命的推动者"，载《科技潮》2005年第5期。

47. 殷建平、袁芳："从天然气短缺谈我国天然气安全问题"，载《价格理论与实践》2010年第4期。

48. 殷建平、鄢尚军："发展页岩气是保障我国天然气安全的重要对策"，载《改革与战略》2012年第2期。

49. 李志强："加快煤制天然气产业，维护天然气供应安全"，载《化学工业》2009年第12期。

50. 张雷："论中国能源安全"，载《国际石油经济》2001年第3期。

51. 马义飞："我国天然气产业监管与市场化进程研究"，载《生产力研究》2010年第7期。

52. 王少国、房宏琳："中国天然气产业的市场化研究"，载《学术交流》2013年第1期。

53. 武盈盈："国内外天然气价格水平比较分析"，载《国际石油经济》2008年第10期。

54. 张昕竹："论垄断行业改革的理论基础"，载《经济社会体制比较》2011年第3期。

55. 赵映川："国外天然气产业规制改革研究"，载《科技创业月刊》2012年第2期。

56. 胡鞍钢、过勇："从垄断市场到竞争市场：深刻的社会变革"，载《改革与理论》2002年第5期。

57. 张志军：“我国石油天然气立法模式的选择”，载《中国石化》2007 年第 11 期。

58. 杨丽萍、郭广珍：“天然气产业的规制与改革研究”，载《山东科技大学学报（社会科学版）》2004 年第 1 期。

59. 刘进利、时光玉：“我国天然气产业管制模式改革分析”，载《天然气技术》2008 年第 2 期。

60. 刘岩：“加快中国天然气行业立法进程”，载《天然气工业》2004 年第 6 期。

61. 陈玉龙：“我国应加快天然气立法进程”，载《天然气工业》2001 年第 5 期。

62. 罗东坤、褚王涛：“借鉴欧美经验制定中国天然气法律”，载《天然气工业》2007 年第 1 期。

63. 袁华江：“国外煤层气产业政策及其对我国的借鉴意义”，载《国际石油经济》2009 年第 11 期。

64. 孟凡君：“页岩气开发撬动装备需求”，载《装备制造》2016 年 11 月。

65. 管清友、李君臣：“'页岩气革命'与全球政治经济格局”，载《西部资源》2013 年第 3 期。

66. 潜旭明：“美国'能源独立'的影响及对我国的启示”，载《理论视野》2014 年第 12 期。

67. 程宇航：“美国的页岩气革命”，载《老区建设》2015 年第 7 期。

68. 付斌等：“美国页岩气藏勘探开发及其启示”，载《天然气技术与经济》2010 年第 6 期。

69. 师良、范柏江、王宇：“美国页岩气产业的方针政策及对中国的启示”，载《延安大学学报（自然科学版）》2015 年第 2 期。

70. 周庆凡、孙鹏：“美国东部页岩气项目回顾及启示”，载《石油科技论坛》2014 年第 5 期。

71. 朱凯：“美国能源独立的构想与努力及其启示”，载《国际石油经济》2011 年第 10 期。

72. 张抗：“美国能源独立和页岩气革命的深刻影响”，载《中外能源》2012 年第 12 期。

73. 欧俊：“美国页岩气资源开发监管路径研究”，载《西南石油大学学报（社会科学版）》2016 年第 3 期。

74. 李岩、牟博佼：“国外页岩气开发实践对我国的启示”，载《中国矿业》2013 年第 3 期。

75. 张茂荣：“美国'能源独立'前景及其地缘经济影响”，载《现代国际关系》2014 年第 7 期。

76. 王龙林：“页岩气革命及其对全球能源地缘政治的影响”，载《中国地质大学学报（社会科学版）》2014 年第 2 期。

77. 任立明：“浅议页岩气革命的影响”，载《商界论坛》2013 年第 12 期。

78. 林珏:"美国的'页岩气革命'及对世界能源经济的影响",载《广东外语外贸大学学报》2014年第2期。

79. 孙鹏:"页岩气产业远景展望及风险分析",载《中国能源》2014年第1期。

80. 冯玉军:"国际天然气市场变化与中俄天然气合作前景",载《国际石油经济》2010年第10期。

81. 邹佩花:"美国页岩气革命改变全球能源流通格局",载《能源研究与利用》2015年第1期。

82. 林利民:"世界油气中心'西移'及其地缘政治影响",载《现代国际关系》2012年第9期。

83. 于宏源:"页岩气革命背后的新重商主义与新自由主义",载《绿叶》2012年第7期。

84. 潜旭明:"美国能源独立的影响及对我国的启示",载《理论视野》2014年第12期。

85. 张恒龙、秦鹏亮:"'页岩气革命'对国际政治经济关系的重构作用",载《安徽师范大学学报(人文社会科学版)》2014年第2期。

86. 管清友、李君臣:"美国页岩气革命与全球政治经济格局",载《国际经济评论》2013年第2期。

87. 曹斌等:"2030年后世界能源将走向何方?——全球主要能源展望报告分析",载《国际石油经济》2016年第11期。

88. 尹硕、张耀辉:"页岩气产业发展的国际经验剖析与中国对策",载《改革》2013年第2期。

89. 祝侃、许超:"工业余热——新型建筑替代能源的应用分析",载《建筑节能》2017年第1期。

90. 郭树宾:"聚焦新能源",载《新商务周刊》2015年第16期。

91. 孟凡君:"页岩气开发撬动装备需求",载《装备制造》2016年第11期。

92. 陈卫东:"页岩气革命与能源安全",载《青海科技》2012年第5期。

93. 周美闻、秦勇军、张纯臻:"页岩气热潮背后的环保思考",载《三峡环境与生态》2013年第2期。

94. 杜群、万丽丽:"美国页岩气能源开发的环境法律管制及对中国的启示",载《中国政法大学学报》2015年第6期。

95. 卢景美、高文磊、刘学考:"页岩气开发的环境影响和环保策略",载《天然气与石油》2014年第3期。

96. 刘文士等:"美国页岩气压裂返排液处理技术现状及启示",载《天然气工业》2013年第12期。

97. 冯相昭等:"基于SWOT分析的中国页岩气开发战略评析",载《环境与可持续发展》2013年第2期。

98. 顾家瑞:"美国多措并举控制页岩气开发环境污染",载《中国石油和化工经济分析》2012年第7期。

99. 王南等:"美国和加拿大页岩气产业政策借鉴",载《国际石油经济》2012年第9期。

100. 杨春:"加拿大水资源管理模式及对我国的借鉴意义",载《水土保持应用技术》2006年第1期。

101. 王学辉:"多元化纠纷化解机制研究——基于过程与阶段视角的分析",载《行政法学研究》2012年第1期。

102. 胡仕浩:"多元化纠纷解决机制的'中国方案'",载《中国应用法学》2017年第3期。

103. 李瑜青、夏伟:"多元化纠纷解决机制的价值及其路径思考——兼驳机制的运行与法治社会建设相悖论",载《学术界》2016年第9期。

104. 梁平:"多元化纠纷解决机制的制度构建——基于公众选择偏好的实证考察",载《当代法学》2011年第3期。

105. 胡仕浩、龙飞、马骁:"多元化纠纷解决机制的中国趋势",载《人民司法》2018年第1期。

106. 刘楠:"多元化纠纷解决机制改革的'眉山经验'",载《法律适用》2015年第7期。

107. 吴俊:"人民调解制度的再完善",载《学习与探索》2012年第1期。

108. 蔡维力、郭甜:"人民调解制度的内在困结与进路破解",载《重庆大学学报(社会科学版)》2015年第3期。

109. 刘显鹏:"合意为本:人民调解协议司法确认之应然基调",载《法学评论》2013年第2期。

110. 郝振江:"论人民调解协议司法确认裁判的效力",载《法律科学(西北政法大学学报)》2013年第2期。

111. 刘加良:"论人民调解制度的实效化",载《法商研究》2013年第4期。

112. 董小红、高宏贵:"论人民调解制度的重构——基于人民内部矛盾新变化的视角",载《社会主义研究》2010年第1期。

113. 洪冬英:"论调解协议效力的司法审查",载《法学家》2012年第2期。

114. 刘敏:"人民调解制度的创新与发展",载《法学杂志》2012第3期。

115. 张文亮:"对构建多元化纠纷解决机制的几点思考",载《山东审判》2015年第4期。

116. 傅郁林:"'诉前调解'与法院的角色",载《法律适用》2009年第4期。

117. 赵钢:"'能动司法'之正确理解与科学践行——以民事司法为视角的解析",载《法学评论》2011年第2期。

118. 冯伟、舒秋膂:"'诉调对接'的理论透视及制度建构——司法救济与社会救济的互补性研究",载《中南大学学报(社会科学版)》2008年第1期。

119. 毋爱斌:"法院附设型人民调解及其运作——以'人民调解工作室'为中心的考察",载《当代法学》2012年第2期。

120. 唐力、毋爱斌:"法院附设诉前调解的实践与模式选择——司法ADR在中国的兴起",载《学海》2012年第4期。

121. 范愉:"当代世界多元化纠纷解决机制的发展与启示",载《中国应用法学》2017年第3期。

122. 张泽涛、肖振国:"德国《调解法》述评及其启示",载《法学评论》2013年第1期。

123. 谢国儿、齐凯悦:"论英国家事审判改革中调解机制对我国的启示",载《青少年犯罪问题》2018年第5期。

124. 王阁:"小额诉讼中诉前强制调解的建构",载《郑州大学学报(哲学社会科学版)》2015年第5期。

125. 李昌超、詹亮:"强制调解制度的理论证成及制度实现",载《理论导刊》2018年第11期。

126. 梁蕾:"强制先行调解之理性分析——冲破'合意方能调解'的思维束缚",载《山东审判》2016年第6期。

127. 周永坤:"论强制性调解对法治和公平的冲击",载《法律科学(西北政法学院学报)》2007年第3期。

128. 闫庆霞:"人民调解前置制度之反思——以民事程序选择权为讨论的出发点",载《法学家》2007年第3期。

四、文集类

1. 吴敬琏:《改革需要顶层设计》,载《变局与突破:解读中国经济转型》,外文出版社2012年版。

2. [德]哈罗德·德姆赛茨:《关于产权的理论》,载《财产权利与制度变迁》,刘守英译,上海三联书店2014年版。

3. [美]阿曼·A.阿尔钦:《产权:一个经典注释》,载《财产权利与制度变迁》,刘守英译,上海三联书店2014年版。

五、学位论文类

1. 刘永存:"矿业权研究",西南政法大学2011年博士学位论文。

2. 伍刚:"企业家创新精神与企业成长",华中科技大学2012年博士学位论文。

3. 董静:"企业创新的制度研究",复旦大学 2003 年博士学位论文。
4. 孙英男:"中国国有地勘企业制度创新模式研究",吉林大学 2003 年博士学位论文。
5. 王兆斌:"体制转型进程中的利益集团研究——关于市场竞争本质的另一种思考",中国社会科学院研究生院 2012 年博士学位论文。
6. 刘世波:"哈耶克国家观研究",首都师范大学 2014 年博士学位论文。
7. 陈水生:"当代中国公共政策过程中利益集团的行动逻辑——基于典型公共政策案例的分析",复旦大学 2010 年博士学位论文。
8. 张宏斌:"利益集团的政治与经济影响研究——基于国家与社会关系的视角",上海交通大学 2014 年博士学位论文。

六、报纸类

1. 艾顺龙:"能源革命:清洁煤电挑重任",载《中国电力报》2014 年 8 月 5 日,第 008 版。
2. 林伯强:"能源革命的核心在于体制革命",载《中国证券报》2014 年 11 月 7 日,第 A04 版。
3. 周大地:"能源革命推动绿色发展",载《光明日报》2014 年 12 月 4 日,第 13 版。
4. 李鲤:"《建立和维护风电市场良好秩序宣言》全文",载《机电商报》2014 年 11 月 3 日,第 A03 版。
5. 程宇婕:"页岩气'十二五':突破与问题",载《中国能源报》2015 年 12 月 14 日,第 03 版。
6. 马芸菲:"页岩气补贴降低:早日'断奶'为市场化铺路",载《中国经济导报》2015 年 5 月 9 日,第 B02 版。
7. 朱其忠:"页岩气改写能源'美国故事'",载《中国石化报》2013 年 5 月 13 日,第 7 版。
8. 郑启航:"谁推动了美国'页岩气革命'",载《中国证券报》2016 年 3 月 26 日,第 A08 版。
9. 杨颖霞、刘恒伟:"美国页岩气革命与中国能源安全",载《中国经济时报》2013 年 10 月 16 日。
10. 岳来群:"中国页岩气开发不可照搬美国经验",载《中国经济导报》2010 年 10 月 23 日,第 A03 版。

七、中文网站类

程宇婕:《经历了大起大落的页岩气,"十三五"到底怎么办?》,http://www.managershare. com/post/224694.

八、外文文献类

1. Lewis W A., *Tropical Development*, 1880-1913: *Studies in Economic Progress*, Taylor & Francis, 2005.
2. Commons J R., *Legal Foundations of Capitalism*, Transaction Publishers, 1924.
3. Stiglitz J., *Development and Development Policy*, 2009.
4. Friedman L M., *The Legal System: A Social Science Perspective*, Russell Sage Foundation, 1975.
5. Tanzi V., *Government Versus Markets: The Changing Economic Role of the State*, Cambridge University Press, 2011.
6. Rifkin J., *The Third Industrial Revolution: How Lateral Power is Transforming Energy, the Economy, and the World*, Macmillan, 2011.

声　明　　1. 版权所有，侵权必究。

　　　　　2. 如有缺页、倒装问题，由出版社负责退换。

图书在版编目（CIP）数据

页岩气矿业权公平分配与矿业纠纷调解法律制度研究/孙哲著．—北京：中国政法大学出版社，2019.9

ISBN 978-7-5620-9228-5

Ⅰ.①页… Ⅱ.①孙… Ⅲ.①矿产权－研究－中国Ⅳ.①D922.624

中国版本图书馆 CIP 数据核字（2019）第 221711 号

出 版 者	中国政法大学出版社
地　　址	北京市海淀区西土城路 25 号
邮寄地址	北京 100088 信箱 8034 分箱　邮编 100088
网　　址	http://www.cuplpress.com（网络实名：中国政法大学出版社）
电　　话	010-58908285（总编室）58908433（编辑部）58908334(邮购部)
承　　印	北京朝阳印刷厂有限责任公司
开　　本	720mm×960mm　1/16
印　　张	11.75
字　　数	180 千字
版　　次	2019 年 9 月第 1 版
印　　次	2019 年 9 月第 1 次印刷
定　　价	42.00 元